무동無動, 번뇌를 자르다

차례

들어가는 말

I. 수행의 마인드

II. 열매 안에 씨앗이 있도다

Ⅲ. 지옥연화에서 천계연화까지

Ⅳ. 완전해지고 완전해지고 또 완전해가는 흐름

1. 좌공부의 개념

똑같은 물을 먹어도 뱀이 먹으면 독을 만들고, 소가 먹으면 우유를 만든다고 하였습니다. 많은 수행자가 수행하여도 그 성취는 각각 다름을 보게 됩니다. 광명진언이나 금강경 사경도 무속인이 하고, 퇴마사가 하고, 일반인들도 하고, 수행자들도 하나 어떤 이는 그 정수를 오롯이 성취하기도 하고 어떤 이는 자신의 본성과는 관계가 없는 외부의 신과 접신하여 신력을 성취하는 방편으로도 사용합니다.

수행의 성취는 수행에 대한 어떠한 인식, 그리고 깨달음에 대한 어떠한 인식이 있는지에 따라 모래를 쪄서 밥을 짓는 허망함이 될 수도, 아니면 백사장의 모든 모래알이 공력이 된 수행의 결정체일 수도 있는 것입니다.

이 책은 일반인들이 영성 혹은 마음 혹은 깨달음이라고 여기는 '맑고 향기롭게' 부류의 책은 아닙니다. 도덕률에 가까운 좋은 이야기책들은 수천 년간 성인들이 많이 말씀하셨던 것입니다.

이 책은 내가 왜 깨달음을 갈구하는가에 대한 의문을 던지거나, 이제는 진부하게 느껴지는 '중생과 부처는 하나이다, 삶이 곧 수행이다.'라는 종류의 이야기를 하는 것도 아닙니다.

첫 번째 장 '수행의 마인드'에서는 깨달음의 환상에 대해서 말해보고, 남들이 주입해준 깨달음에 대한 관념이나 자신이 인식한 깨달음에 대한 환상만 충족하면 괴로운 마음이 과연 사라질 것인지 탐구해봅니다. 이는 수행자에게 있어서는 아주 중요한 명제입니다.

두 번째 장 '열매 안에 씨앗이 있도다'에서는 저 멀리 근원 찾아 삼만 리처럼 자신의 현 존재를 부정하는 것에서 수행을 시작하는 게 아니라, 지금 자신 자체가 근원(씨앗)이 발아한 열매이고 이 열매가 잘 익어갈 때 씨앗(자신의 본성)이 익어간다는 것을 말해보려 합니다.

세 번째 장 '지옥연화에서 천계연화까지'에서는 내면의 지옥계에서부터 내면의 천상계까지 모두 포괄하는 공력을 성취해야 진정한 수행임을 논증합니다.

네 번째 장 '완전해지고 완전해지고 또 완전해가는 흐름'에서는 존재가 존재로 있을 수밖에 없는 이유, 즉 체험하고자 하는 생명의 기본 흐름이 동작으로 구체화 됨을 이용한 '좌공부'라는 수행법이 있음을 밝히고 수행의 실제에 대해 말해봅니다.

'초발심이 곧 보리심이다.'라는 말이 있습니다. 열심히 수행해야 한다는 마음을 내거나, 성인들의 이야기를 들으면서 나도 깨달음을 구해야 한다는 구도심을 갖는다는 것이 깨달음의 마음인 보리심과 같다는 것입니다. 이는 역설적으로 현실에 파묻혀 살고, 오로지 눈에 보이는 것만 믿는 일반 사람들에게 깨달음을 향해 가고자 하는 구도심을 내는 것은 참 어렵다는 것을 뜻합니다.

그러나 그만큼 소중한 구도의 마음을 내어도 자신 스스로가 되기보다는 좋은 책, 좋은 이야기 등등으로 자기를 포장하는 경우가 많기에 수행의 성취가 적은 것입니다.

자신의 수행방향이 어떻게 흘러가고 있는지 한 번쯤 생각해보는 기회가 되었으면 하고, 스스로 완전해지는 흐름이 보다 강화되어 모든 이가 마음의 불안함을 내려놓았으면 하는 바람으로 이 책을 소개합니다.

I

수행의 마인드

이 장은 수행의 마인드를 되짚어보는 장입니다. 흔히 도를 닦는다, 영성을 탐구한다, 혹은 깨달음을 위해 구도를 한다고 할 때 깨달음, 영성, 빛, 고차원 등을 먼저 개념 잡고 거기다가 공 그리고 무아 등의 양념을 넣어 그 개념과 관념하에서 자신을 거기에다 맞춰가는 사람들이 많습니다.

또한 나를 바꾸고자 할 때 나의 현재 모습에 염증을 느껴 수행을 시작하는 것이 거의 전부에 가깝습니다. 나의 현재 모습을 에고로, 욕망으로 규정하고 깨달음에 도달하면 이러한 불만족스러운 나의 모습들이 사라질 것이라고 믿고 열심히 달려가곤 합니다.

이 장이 스스로 수행을 어떻게 해왔는지에 대해서 한번 생각해보는 기회가 되길 바랍니다.

무엇을 위한 영성인가?

http://cafe.naver.com/vajrapadme/1184

어느 분이 쪽지로 문의하시길 '참나'를 느낄 수 있고, 감정과 느낌과 생각을 알아차릴 수 있고, 차크라가 열린 것 같다고 하셨습니다. 그런데 허공에서 소리가 들리기도 하고 사람들에게서도 목소리가 들리는데 주로 욕이 들린다고 하고, 주변의 에너지에 동조 된다 했습니다.

좋을 때는 현실과 상관없이 좋은 느낌에 젖어들지만, 기분이 안 좋고 몸이 안 좋을 때는 저항하는 자신을 본다고 했습니다.

이 분은 차크라를 왜 열고, 감정과 느낌과 생각을 알아차려서 뭘 어쩌겠다는 것인지, 참나를 느낄 수 있다는 것이 왜 중요한가 생각했습니다. 주변 에너지에 동조되고, 허공에서 들려오는 욕이나 듣고, 그것을 열심히 정화하고, 그 에너지에 저항하고…… 이렇게 하려면 왜 나는 이러한 것을 추구했고, 과연 참나를 찾아서 얻어지는 게 이런 것인지 한 번 생각해볼 필요가 있습니다.

어느 수행이든 2년 이상 하면 갈애가 줄고 더는 영성에 관심을 가지지 않아야 제대로 된 수행이라고 봅니다. 수행하면 할수록 수행에서 느껴지는 빛과 삼매의 평온함에 중독되고, 영혼은 자립하지 못합니다. 물질로부터의 자립을 위해, 관념으로부터의 자립을 위해 스스로 바라보고 자신의 욕망을 조견하는 것까지는 좋으나, 무아 체험, 깨달음의 느낌, 가슴 에너지의 확장에 더 머물려고 하면 이는 또 다른 의미의 '영성 중독'에 해당됩니다.

수행을 했으면 영성에의 갈애가 점차적으로 쉬어져야 하나, 삼매의 유지를 위해서 수행자는 천상의 존재들과 카르마 교환을 통해 빛을 유지하고, 천상의 존재들은 수행자의 수행력에 의탁하여 복력(福力)을 지탱합니다. (천상의 존재들은 복의 몸으로 이루어진 미세한 신체를 가지고 있습니다. 이 신체 역시 언젠가는 수명이 다하는데, 미세한 에너지가 다 소진되면 추락해버리기 쉽습니다. 그래서 천계의 존재는 수행자의 수행력에 의존하여 자신의 삼매를 나누어주고 수행자의 수행력에 의존하여 생명을 연장합니다.)

몇몇 성자들에게서 좋은 에너지가 나온다는 말을 자주 보았습니다. 그러나 영기장으로 미세하게 들어가면 이분들의 좋은 에너지 뒤

편에는 천마(天魔)들이 도사리고 있음을 알 수 있습니다.

영기장은 도구이기에 에너지가 좋다는 것에만 집중하는 사람들도 있으나 무동금강은 의식의 균형을 보고 있습니다.

회원들에게 기대하는 바는 더는 영성 쇼핑, 영성 마실은 다니지 마시고 그저 일상생활 열심히 하며, 개인적 수행이 하나 있다면 그것을 취미 삼아 꾸준하게 하셨으면 하는 마음입니다.

영성 쇼핑, 영성 마실 다니는 분에게는 많은 갈애가 있고, 더 많은 빛과 더 깊은 삼매를 추구하며, 효과 좋은 명상법, 효과 좋은 보석과 도구들을 수집하여 자신을 다듬는 모습들이 있습니다.

그러나 이는 자신이 자신이 되는 것과는 거리가 있습니다.

평안한 나, 빛의 몸, 차원 상승, 깨달음의 나, 삼매 속의 나 등등의 내가 어떻게 되길 바라는 마음이 투사되어 나는 내가 되기보다는 내가 원하는 내가 되길 희망하는 것이 보통 사람들의 마음입니다. 좌공부를 하시는 사람들은 이 공부가 어떤 특징이 있는지 알 것입니다.

제가 회로에 대해서 피드백은 할지언정, 어떻게 그리라고 시키고, 어떻게 동작하라고 시키지 않음을 알 것입니다. 어떤 도가 계열의 수행은 연공 자세가 있고, 어떤 수행은 호흡을 규칙적으로 해야 하고,

어떤 수행은 기운을 어디에다 모으고 어디에다 발산하고 이러한 행법들이 있습니다.

그러나 기본으로 돌아갑시다. 나는 내가 되어야 하지, 내가 원하는 나는 될 수 없습니다.

내면의 흐름이 나와 본연의 나와 조금 더 가까워지는 것! 내가 가는 길이 곧 나의 본연이 가는 길과 같은 것이 되어갑니다. 자신에게 솔직해지는 것으로부터 모든 것이 시작합니다.

고통은 잠시 쉬고, 삼매 속에서 희열은 느낄 수 있으나 자신은 아직도 고통스럽다면 스스로 구축한 것에 대한 자부심을 포기할 줄 알아야 합니다.

무동금강은 이 우주의 모든 것을 다 알고 있고, 내가 원하는 지식을 습득할 수 있음에 자부했고, 신성기하학의 대가이자, 글발 잘 나오는 사람이며, 예리한 지혜가 있는 사람이라고 자부했습니다. 그러나 고통스러웠기에 신성기하학, 우주의 지식, 전생에 뛰어났던 사람, 지금 현생의 예리한 지혜 있는 모습을 다 내려놓고, 오직 수행력으로 내면의 중심을 잡아가고자 선생님께 귀의했습니다. 자존심 내려놓고, 거만함을 내려놓고요.

아무리 뛰어나면 뭐할까? 아무리 참나를 알고 그 느낌 속에 젖어들고 무아 체험을 하고 우주와 합일됨을 느껴도, 에너지에 동조되고 일상생활이 흔들리고, 자신의 부정함은 버리기 바쁘고 좋은 것은 끌어안는 모습이 있다면⋯⋯. 나는 과연 무엇을 성취했고 어떻게 나아가야 하는지 한번 진지하게 생각할 필요가 있습니다.

수행은 솔직해지려고 하는 것입니다.

빛을 끌어오고 빛으로 정화하고, 삼매를 보장하고, 진동수를 올려주고⋯⋯.

그냥 솔직해지면 됩니다. 내가 고통스럽다, 힘들다, 생각이 많다. 이를 인정하는 것으로부터 길이 보입니다. 이를 인정하지 않고 깨달음을 얻고 싶다, 차원 상승하고 싶다, 진동수를 올려 빛의 몸을 얻고 싶다는 생각부터 시작하면 많은 왜곡이 발생합니다.

깨달음의 맛을 보면 깨달음에 안주하고 진동이 올라가는 체험을 하면 그 체험에 안주하려 합니다.

그것은 자신이 솔직하게 자신의 수준을 직시하지 않았기 때문입니다. 영성계의 사람들을 알게 된바 특징적인 것은 거시 담론에 너무 빠져 있고, 자신과는 별 관계없는 것에 빠져 있다는 것이었습니다.

깨달음이라는 큰 주제, 진동수 높은 몸만들기, 빛으로 정화하기.

이는 자신이 자신다운 것과는 큰 관계가 없습니다. 내가 힘들다는 것에서부터 시작하면 수행을 해도 본연의 내가 되는 것에 가까워집니다.

깨달음이라는 것부터 시작하여 수행하면 깨달음 벽지, 선사님들 어록 벽지, 마하리쉬 벽지, 석가모니 벽지 등으로 자신을 치장하기에 바쁩니다. 하다못해 참나 벽지, 진아 벽지, 에고 벽지도 사용한다.

나는 내가 되어갈 때 가장 아름답습니다.

도토리
멋진 글 감사합니다!
속이 다 후련합니다, ^^

소율
이 글을 보면서 저도 모르게 울컥합니다. 제가 걸었던 길이 주마등처럼 스쳐 지나갑니다. 이제라도 알게 되어 무한한 감사를 드립니다. _()_

유니드림
아. 그렇군요. 내가 되어간다. 기름기 쫙 빠진 아름다운 글입니다…*^^*

플로라
영성쇼핑, 영성마실 다니는 분들…
수행은 솔직해지려고 하는 것입니다…

카페에 들어올 때마다 새로운 무언가를 느끼고 배웁니다.
허공에서 떠도는 구름 잡는 그런 떠 있는 글이 아닌,
일상생활 속에 파묻힌, 시시각각 내 두 손에 매달려 있는 생활 속의 수행을 새롭게 배웁니다.
'볼매남'이라는 말을 최근에 배웠습니다.
볼수록 매력 있는 남자라고 하네요.

무동금강님, 볼매남이십니다!!!

모래성을 쌓는 놀이

어느 분이 쪽지로 문의하시길 '참나'를 느낄 수 있고, 감정과 느낌과 생각을 알아차릴 수 있고, 차크라가 열린 것 같다고 하셨습니다. 그런데 허공에서 소리가 들리기도 하고 사람들에게서도 목소리가 들리는데 주로 욕이 들린다고 하고, 주변의 에너지에 동조 된다 했습니다.

좋을 때는 현실과 상관없이 좋은 느낌에 젖어들지만, 기분이 안 좋고 몸이 안 좋을 때는 저항하는 자신을 본다고 했습니다.

이 분은 차크라를 왜 열고, 감정과 느낌과 생각을 알아차려서 뭘 어쩌겠다는 것인지, 참나를 느낄 수 있다는 것이 왜 중요한가 생각했습니다. 주변 에너지에 동조되고, 허공에서 들려오는 욕이나 듣고, 그것을 열심히 정화하고, 그 에너지에 저항하고……. 이렇게 하려면 왜 나는 이러한 것을 추구했고, 과연 참나를 찾아서 얻어지는 게 이런 것인지 한 번 생각해볼 필요가 있습니다.

http://cafe.naver.com/vajrapadme/1184

「무엇을 위한 영성인가?」라는 글 일부입니다.

의외로 이러한 분들이 많은 것 같습니다. 참나를 느낄 수 있고, 에너지를 느끼고, 맑은 에너지와 탁한 에너지를 구분하고, 고차원 존재의 소리도 듣고, 이미지도 보이고……. 그와 동시에 괴롭습니다. 탁기에 사념체에 또한 인간사의 번뇌에…….

그래서 제게 괴롭다고 말하면, 저는 다른 이들과 같이 '용서하라', '탁한 것들을 포용하라', '기도하라', 이런 말씀을 드리지는 않습니다.

스스로 맑다고 생각하는 것을 버리고,

탁한 기운을 탁하다고 생각하지 말고.

본인의 에너지 감수성 때문에, 본인이 고차원이 고주파수와 고파동이라서 힘든 것이 아니라고 인정하길 권합니다.

그러나 대부분 인정하지 못합니다. 힘들어하면서도 그 난잡한 에너지 체험과 정신없는 현란한 에너지 놀이를 놓지 못합니다. 버리길 원하나 버리지 못하여 더 갖고 놀고 싶어 하는 것입니다.

사념체 방어막, 정화하기, 빛에너지 연결하기…….

이들 모두 10시간의 고통 속에서 1시간의 평화를 얻기 위해 하는 것이지만… 사념체 방어막은 나의 것과 사념체를 구분하고, 정화하기 역시 나의 것과 더러운 것을 구분하고, 빛에너지도 나의 평안과 나를 흔들게 하는 요소를 구분하는 것으로부터 시작합니다.

분리의식에서 하는 일련의 행위들입니다. 파도는 늘 치는데, 모래성을 쌓고 모래성이 허물어지면 열심히 다시 모래를 쌓아 파도에 휩쓸려가지 않게 하는 행위입니다. 모래성을 쌓는 재미도 있고, 쌓았다는 기쁨도 있겠지만 지겨워져야 그 모래성이 무너지든 무너지지 않든 신경을 끌 수 있습니다.

열심히 방어막을 쳐도 방어막은 언젠가는 흐트러지고, 정화를 열심히 하여도 이 세상은 맑고 순수한 것만 있는 것이 아니며, 빛에너지를 열심히 머리에 부어도 직장 상사의 꾸지람에 마음 한번 흔들리면 깨집니다. 파도에 언젠가는 모래성이 허물어지듯이요.

인도의 성자들이 영기장이 안 좋은 이유는, 평안과 삼매를 유지하기 위해 지나치게 경직되어 있으며 영성이라는 카테고리 안에 자신을 가두었기 때문입니다.

과거 저는 아카식 레코드에 접속하여 모든 우주 정보에 접속할 수 있다는 자부심이 있었으나 힘들어서 수행계에 입문했습니다.

　우주 정보를 알면 뭐하고 리딩 능력이 있으면 뭐하며, 신성기하학을 다루면 무엇을 할까. 내게 도대체 아무런 의미가 없는데……. 나는 힘들다, 괴롭다는 인식, 허망함을 알고서 수행에 입문해서 수행이 진전됨에 따라 채널링 능력, 안테나, 촉이 사그라져도 거기에 연연하지 않았습니다.

　힘들다면, 그 하찮은 능력이 버려져서 내 마음이 편안해진다면 그것을 버리십시오.

　그러나 하찮다고 생각하지 않는 사람이 대부분이고, 그걸 놓지 않길 원합니다. 더더욱 굴려야 한다고 생각합니다. 에너지 감수성을 좋아하는 그 상태가 지속하여 그 괴로움에 절정에 다다를 때 마음을 바꿀 수 있게 되고 그 허망함을 알아야 영적인 처리가 가능해집니다.

　플러그를 뽑아 잡스러운 정보나 수신되는 안테나를 끌 수 있다 해도, 잡스러운 게 좋으면 플러그를 꽂아 열심히 안테나에 수신되는 정보를 고차원 정보라고 여기는 것이 대다수의 사람인 것입니다. 한쪽에서는 플러그를 빼고 한쪽에서는 플러그를 꽂고……. 그러면 처리의 효과가 떨어지는 것입니다.

소율

쫓아가는 자 쫓기는 자 술래잡기 놀이였습니다.

공의 체험, 빛 체험, 스치는 바람이 무얼 갖고 왔는지 알고, 그것에 빠져서 나를 잊고
잠시 산 경험이 저에게도 있었기에 선생님 말씀 더욱 공감하고 있습니다.

지금 여기 현실에 열중할 수 있고 주변을 두리번거리지 않게 되어 너무 행복하고 편
안합니다. 감사합니다.

자나

신비한 능력을 얻을 수 있는 수련보다 현재의 생활에 중심을 잘 잡아주는 공부가 더
수승하다고 생각합니다.

도토리

멋진 글 감사합니다!

토끼로힐링

감동! 입니다.

나는 체험하는 존재일 뿐이다

http://cafe.naver.com/vajrapadme/2251

깨달음과 공성증득, 해탈 등……. 많은 수행단체나 공부방에서는 자신들의 수행방법대로 하면 깨달음과 공성증득, 해탈, 부처되기를 이룰 수 있다고 말한다. 석가모니께서 말한 내용 적기, 좋은 글귀 수집, 에고 버리기, 맑고 청정하게 말하기, 그런 것이 수행단체의 목표가 되는 것일까?

태풍의 눈은 태풍의 눈으로 있지 않고, 오로지 주변의 회오리를 통해 무형의 태풍의 눈이 있다고 인식되며, 촛불의 불빛은 잡을 수도 없지만, 밝혀진 주변이 있기에 불빛이 있다는 것을 알게 되며, 씨앗은 나무에 표나게 있지 않지만, 열매가 있으므로 씨앗이 있음을 알게 된다.

무형의 '태풍의 눈', '촛불의 불빛', '열매의 씨앗'은 이미 눈에 보이지 않는 것이지만 사람들은 이를 태풍의 눈, 불빛, 씨앗 등으로 불러 이미 실체 개념으로 쓴다.

'0'은 실제로 없지만 '0'이라고 이름 붙인다. 많은 이가, 그리고 수행단체의 수많은 지도자가 깨달음은 신인합일, 차크라 열림, 연기법 통달 등이라고 말하고 있지만, 그것은 보이지 않는 것이 보인다는 착각 때문에 덤비는 것이다.

무언가 있을 것이라고 여기는 욕망을 지닌 채로 태풍의 눈으로 돌진하면 아무것도 없음에 절망할 것이고, 광휘가 있을 것이라고 여겨 광휘에 대한 열망에 사로잡혀 불빛으로 들어가면 열망에 타 죽을 것이다.

그 욕망과 열정과 노력으로 '없음'에 도전하는 이들이 수행자들이다.

그리하여 대승의 논사들은 혀에 바늘을 뚫고 몸은 모래에 묻고 하루에 쌀 한 톨 먹는 힌두의 수행자들을 보고 모래를 쪄서 밥을 짓는 허망한 일이라고 하였다.

없음으로 가지 않는다.
내 존재, 내 에고, 나의 눈물과 기쁨이 내 존재이자 내가 가는 길이다.

있음을 통해, 나의 삶을 통해, 나의 에고를 통해, 나의 감정을 통해,

태풍의 회오리치는 그 회전력, 삶의 요동침을 통해 고요한 태풍이 커지며,

촛불의 뜨거움과 열기와 밝음, 삶의 뜨거움과 열기와 밝기를 통해 불빛의 밝음은 커지며,

탐스러운 나의 삶을 통해 씨앗이 동시에 커짐을 안다.

빛의 몸만들기, 차원 상승, 신성합일, 참자아 만나기, 진아 체험, 공성체험…….

그래도 좋다.

내가 무엇을 알아야 업그레이드되고, 내가 무엇을 체험해야 카르마가 풀리고, 내가 무엇을 인지해야 에고가 깨지는지는 관심 없다. 나는 그저 체험하는 존재일 뿐이다. 업그레이드될 때 알게 될 것이고, 카르마가 풀릴 때면 체험하게 될 것이고, 에고를 깨고 나올 때는 무언가를 인지하게 될 것이다.

영성으로 영성을 잡으려는 성자 분들이 영기장상 미묘한 어둠이 관찰된다. 빛의 어두운 속성. 모두가 성자라고 추앙하고 전 세계 영

성인 몇백만 명을 사로잡는 뛰어나신 분들. 그러나 영성에 한정된 에너지의 틀에서 안주할 때에 어둠이 보인다. 왜 빛이 어둡게 보일까?

그것은 무극을 실체화하고 깨달음, 빛, 사랑, 평화에 안주하여 진짜 가야 할 방향을 놓쳐버린 것과 같다. 빛은 스스로 빛이라 하지 않고 사랑은 스스로 사랑이라 하지 않는다. 평화 역시 그러하다.

영성이라는 개념으로 영성을 잡을 때면 빛이 어둡게 보이는 이상한 잡이 있다. 구름같이 금방이라도 흩어질 것 같은 빛, 요가마스터, 명상마스터……. 이들은 영성을 추구하지만 그렇게 가기 어렵고 오히려 엇나간다.

그래서 이 길이 더욱 어렵다. 그러나 가장 쉬운 길이기도 하다. 나와 내 주변과 이 현실 속의 흐름을 통해서 비록 더듬어갈지라도 그 무극의 실루엣, 대일여래의 실루엣은 분명 있다. 눈 뜨고 저기 영성이고 저기 깨달음이 있다고 가는 길과(실체 개념을 잡아서 가는 쪽) 눈을 비록 감아 아무것도 안 보이지만 주변의 모든 것이 영성으로 가는 것임을 알려주는 길이 있다. (사격의 오조준과 같이 현실과 영성의 차이를 고려한다는 쪽)

여러분은 어떻게 갈 것인가.

공성을 찾으려고 할 때는 개념화된 공성으로 들어가게 된다. 온 우주에 충만하신 대일여래[1]를 어느 한 지점, 어느 한 경계에서 찾으려고 하는 것처럼 말이다. (여덟 분의 불보살[2]들이 출생한 순간부터, 대일여래의 여덟 가지 덕으로 표현되는 여덟 분의 불보살로 대일여래는 구현되었기에 공성(空性)은 그분들로부터 찾을 수 있다.)

그러나 영성계의 많은 이들은 대일여래, 깨달음, 영성으로 직접 들어가려고 하고 있다. 만다라 내에서 대일여래의 자리는 실은 전체 만다라인 자리이기에 만다라 중앙부는 실은 없는 자리이다. 없는 것을 잡으려고 하니 수행의 소득이 적은 것이다.

---

1) **대일여래** : 밀교에서는 비로자나불을 대일여래로 의역하여 부른다. 대일이라 함은 위대한 광명(光明)을 의미하고 원래는 태양이 밝게 비치는 것이었으나 후에 우주의 근본인 부처님의 호칭이 되었다. 우주의 실상을 불격화한 근본불로 모든 불·보살의 최고위에 있는 밀교의 부처님이다. 한국불교에서 말하는 비로자나불과 같다.

2) **중대팔엽원** : 태장계만다라에서는 대일여래를 중앙에 배치하고 대일여래 주변에 여덟 분의 불보살을 배치한다. 여덟 분의 불보살은 대일여래의 여덟 가지 공능(功能)을 뜻한다. 대일여래께서 여덟 가지 공능으로 유출됨을 상징한다.

모르지만 나는 노력한다

하근기는 알아도 못 가고 중근기는 알아야 가고 상근기는 몰라도 간다고 말하였습니다. 나는 모르지만, 최선을 다한다는 인식입니다. 어쩌면 알 수 있지만 모르는 척하는 것일지도 모르겠네요.

주어지는 만큼만! 충분히 체험할 때 다른 것이 주어질 수도 있다. '어차피 다른 것이 주어진다, 미션을 깬다, 다른 문을 연다'라는 것조차 반본(反本)하게 되면 '다른 것이 주어질 수도 있다'라는 모호한 말이 나오게 됩니다.

나는 모르지만 수순(隨順)하는 존재이다.

나는 그 결과가 어떻게 진행될지 모르지만, 번뇌의 극점을 충분히 겪고 나서 수행을 할 수도, 아니면 영성계 카페를 섭렵하는 클릭 질 도사가 될 수도, 아니면 점집에 갈 수도 있다. 수많은 선택을 하더라도, 수행으로 가게 되면 제대로 할 수 있게 됩니다.

적당히 도달하고 적당히 쉬게 되면 수행도 적당히 하게 됩니다. 괴로움의 극점에 도달할 때 그것 자체가 이미 흐름에 수순하는 모습일 수 있는 것입니다.

근원의 뜻에 맞춰서 사는 것은 아닙니다. 나의 뜻, 내가 원하는 바, 내가 진실로 원하는 것을 하게 되면 결과는 모르지만 내가 원하는 바가 곧 근원이 원하는 바였음을 후에 알게 됩니다.

일반적인 인식에서는 흐름에 수순한다는 것을 에고를 죽이고, 에고를 정화하고, 나의 욕망을 관찰하고, 나의 선함을 증장시킨다는 것으로 이해합니다. 그리고 실제로 그렇게 사는 것이 중생의 일반적인 길(道)입니다. 지금의 나를 버리고 근원을 찾는 법이기에 더럽고 오류투성이인 나를 어떻게든 버리고자 하는 길입니다.

그러나 에고조차도 흐름이라는 것을 근원의 뜻이라는 것을 철저히 아는 자, 상승의 심법을 가진 자는 에고를 가진, 욕망을 가진, 일부 오류도 있는 근원의 모습을 띤 개별로 살게 됩니다. 흐름에 수순하면 에고의 기능이 다 하는 그 시점에서 에고는 떨어지게 됩니다.

나의 내면의 심주, 심왕인 본영(本靈)이 인간의 개성체를 짜서 이 세상에 나를 그물처럼 펼쳐놓았다면, 예컨대 그 그물이 새우만 잡을 수 있도록 설계되었을 경우 새우를 다 잡고 나서야 다른 그물을 던져지게 됩니다. 새 그물로는 청어를 잡을 수도 있고, 그도 다 잡은 다음에는 참치를 잡을 수도 있을 것입니다.

내게 주어진 명(命)이기도 하지만, 나의 생명(生命) 자체가 이미 주어진 명(命)입니다.

모르지만 노력한다, 내가 원하는 바대로 한다. 그것들이 곧 근원이 원하는 바였음을 알게 되는 것입니다.

생명이라는 말 자체가 명(命)이 생(生)한다는 뜻이니 이미 인간 존재 자체가 명(命)이 구현된 존재입니다.

도토리
감사합니다.

알프스
감동하였습니다. 감사합니다^_^

문비
에고는 정화되어야 한다고 생각했었는데 그 자체로 완전성을 가지는 것 같군요.
감사합니다.

여의는 내가 원하는 나로 바꾸기 위함?

http://cafe.naver.com/vajrapadme/2279

여의를 한다고 하면, 기운영 시에는 방위를 잡고 해야 하며, 시간 대와 특수한 비품을 잡고서 해야 함을 말한다.

때로는 태풍을 피하게 하는 기운영, 국가 재난을 피하게 하는 기 운영, 세상 조정을 하는 기운영.

기운에 방위와 시간대와 비품과 동작의 방법 등에 의미를 부여하 여 물질화된 저층 기운을 사용하면서 여의를 말한다. 여기에서 여 의는 '뜻대로 하소서'가 아닌 이 세상에 긍정적이게 영향을 미치도록 하는, 내가 생각하는 여의이다.

이보다 좀 더 나은 경우일지 모르겠으나(실은 똑같음), 근원에게 맡 긴다고 하면서 회로는 순일한 동그라미가 순수하다고 여기는 경우도 있다.

영성을 마음의 평화, 내면으로의 여행, 자기통찰, 명상 몇 시간 이상하기 등등으로 생각하면서, 복잡한 '제도' 회로를 술법이라 폄하하고 오로지 흐름만이 나오는 회로를 수승한 회로로 보는 사람도 있다.

여의는 내 편한 대로,

내 욕망 대로(조건에 매달리는 기운 공부),

내 상념대로(조건을 무시하는 기운 공부, '깨달음은 이런 것이다'라는 생각에 매여 있음),

내 마음 편한 대로(마음이 편한 게 여의라는 입장, 여의는 가슴이 뛰는 삶을 살아야 가능하다고 여김) 갖다 붙일 수 있는 게 아니다.

근원의 뜻대로 살아도 힘들고, 불안하기도 하고, 초조하기도 하나, 내 움직임, 내 행동이 곧 나의 것이라는 인식을 토대로라면 여의대로 살 수 있다.

내가 원하는 나로 성격을 바꾸고, 에고적 성향을 버리고, 욕망을 정화하고……. 이는 말은 '여의'이지만 실은 맡기기보다 근원이라는 이름 뒤에 서 있는 내 뜻, 내 욕망을 말하는 것이다.

존재는 존재하기에 존재함이지 그 이상으로 의미를 부여하면 석가모니 말씀처럼 본성을 덧칠한 것, 라즈니쉬나 마하리쉬 말씀으로 본성을 덧칠한 것이다.

맡기기보단 내가 불편해서, 내가 불안해서, 내가 깨달으면 스스로 혐오하는 습관이나 욕망이 정리될까 하는 생각에……. 맡길 때조차도 자신에게 조건을 걸고 맡기는 것이다.

존재로서 그대로 존재하는, 살아 있기에 움직이는, 그러한 것이 여의이다.

깨달음에 대한 환상 1

종종 회원님들이 진아를 알았는지, 근원을 알았는지 물어보곤 한다.

그러면 나는 진아를 알았다고 한다.

여기서 진아는 평상심이다. 진아의 정의가 저마다 제각각이겠으나 주로 통칭하는 것은 진아는 깨달음 이후의 에고가 사라진 것을 말하는 것 같다.

그런데 우리가 에고라고 말하는 것을 보면 좀 부정한 것들, 예컨대 분노, 성욕, 짜증 등을 말하는 것 같다.

하지만 우리가 화장실에서 똥 쌀 때(부정한 감정들)는 에고이고 좀 평안한 나를 진아라고 한다면, 그리고 우리가 정신적인 감기에 들어서 정신과에서 약을 처방받을 때는 에고, 좀 평안해지면 진아라 한다면, 에고와 진아는 한몸을 단순히 상태에 따라서 구분한 것에 불과하다.

대부분이 이런 용도로 진아라는 말을 사용한다. 영성계의 스승들은 진아이고 나는 에고라고 한다. 그러나 그분들도 '나'라는 개체의식이 있는 분들이다. 오히려 영기장상으로는 진아를 찾아 나, 즉 에고를 잃어버릴 때 명상을 위한 명상이 되고, 요가를 위한 요가가 될 때 나를 잃어버리게 되고, 이상한 잡들이 나 대신에 들어온다. 요가마스터나 명상마스터 같은 잡이다.

진아를 찾아 나를 잃어버린다…….

사실 진아와 에고는 한몸이다. 불이(不二)다. 한몸인데도 나를 부정하면서 또 다른 나를 찾아가니 영기장으로 요가마스터와 명상마스터 같은 잡스러움이 드러나는 것이다.

《금강정경》의 제15회 〈비밀집회경 秘密集會經〉의 범본에서 "둘이 아닌 일체 제법은 그러나 둘의 모습을 가진다(Advya Sarvadharmas tudvaya Lak ita)"라고 했다. 이 말은 떫은 감이 달게 변하여 떫은맛이 배어 있는 단감이 된다는 뜻이다. 진아를 본체로 하는 에고이며, 에고의 모습을 띤 진아라는 의미다.

중생의 번뇌는 보살이 중생을 이해하는 사량심으로, 중생의 탐심은 보살이 중생을 구제하고자 하는 강한 의지로, 중생의 진심 즉 분노는 보살이 중생을 방해하는 사마를 격퇴하고자 하는 강한 분노로 드러나는 것이다.

그렇기에 중생의 에고는 보살의 에고로 흔적이 남아 이 우주에서 지속적으로 활동하는 것이다.

그런 면에서 나는 진아라는 거창한 단어를 굳이 안 써도, 근원이라는 거창한 단어를 안 써도 충분히 내 흐름에서는 소명을 다 하는 것이고, 흐름에 순일하게 맡겨 소명한다면 나는 충분히 진아의 모습을 띈 에고로서 활동하는 것이다.

그래서 진아를 알았느냐라고 물으면 내가 곧 진아라고 한다.

영성계에서는 진아나 깨달음이라는 거대 담론에 함몰되어 자신의 현재 모습, 자신이 나아가는 방향에 대해서는 큰 고민이 없어 보인다. 좌공부 자체가 배를 만드는 것이고(좌설정) 진화는 존재가 우주라는 광대한 에너지의 세계로 나아가는 여정이라면, 좌공부는 배를 튼튼히 만들고 지향점이 분명해지는 효과가 있기에 어설프게 진아 나부랭이, 깨달음 나부랭이, 마음 나부랭이를 말하는 영적 넝마주이보다는 백 배 낫다. 그리고 그 설계의 효과도 있기에 만약 깨달음으로 나아간다면 깨달음에 필요한 인과 연을 짜게 된다.

굳이 좌공부가 아니더라도 어느 한 공부를 2년 이상 하게 되면
공력이 생긴다. 자신을 깨달음에 묻어 버린다거나 영성이라는 포장
지로 감싸지만 않는다면 말이다.

rpmx1
머리를 한방 얻어맞은 듯한 느낌입니다. 깨우침이라 생각합니다. 망상에 사로잡혀 헤
맨 날들이 주마등처럼 스쳐 지나갑니다. 감사합니다.

알프스
진아나 깨달음이라는 거대 담론에 함몰되지 않고 자신의 현주소와 방향성을 잘 살펴
야겠습니다. 감사합니다.

깨달음에 대한 환상 2

http://cafe.naver.com/vajrapadme/1184

나는 회원들에게 바라는 것이 없습니다. 그저 편안히 살고, 열심히 살고, 이곳저곳 기웃거리지 않았으면 하지, 고파동 에너지라든가 차크라가 열리고, 쿤달리니가 열리고, 고차원 에너지에 접속되고 그런 것은 바라지 않는다. 금강연화원의 지향점은 그것이 아니라고 말씀드립니다.

개인적으로는 소박하고 작고 소소한 삶의 일상이 좋다.

여러 회원님들이 깨달음에 관해서 물어보곤 합니다. 어떤 분은 깨달음을 얻은 이가 그러는데, 이것이 없기도 하고 있기도 하는 것이 깨달음의 의식이라 하더라고 했습니다. 아마 '공(空)'에 대한 체험을 말씀하신 것 같았습니다.

한데 이것이 없기도 하고 있기도 한 것처럼 느껴진다고 해서, 그리고 지금 당장 내가 이것이 없기도 하고 있기도 한 묘한 자각 상태에 도달한다고 해도, 정말로 고민도 없고 갈증도 없고, 반응도 없는 존재가 될까요?

한국에서 말하는 깨달음이라는 것은 선불교에서 주장하는 변성의식(變性意識)[3]으로, 오도송을 남긴 스님들이 티베트 밀교를 배우러 유학 가시고, 남방 불교의 위빠사나를 배우러 동남아로 가시는 것은 한국에서 말하는 깨달음이라는 것이 변성의식 상태였기 때문이었습니다.

인간의 마음은 여래장과 하나이기에 진아와 에고는 불이(不二)입니다.

이처럼 에고의 속성에 이미 진아가 반영되었기에, 중생의 번뇌는 보살이 중생을 이해하는 사랑심으로, 중생의 탐심은 보살이 중생을 구제하고자 하는 강한 의지로, 중생의 진심 즉 분노는 보살이 중생

---

[3] **변성의식** : 일시적 각성상태, 일시적 환각 상태, 트랜스의식 등을 뜻함. 각성상태, 혹은 삼매의 상태 이후에는 다시 원래의 의식상태로 돌아갈 수밖에 없으나 어떠한 특이한 체험을 수반한 의식의 변이 상태를 깨달음이라고 여기는 경향이 있음.

을 방해하는 사마를 격퇴하고자 하는 강한 분노로 드러나는 것이라고 말하였습니다.

여래장이 끝없는 지혜와 관찰지로 펼쳐져 있기에, 중생의 번뇌는 보살의 끝없는 지혜로 드러납니다. 또한 여래장은 끝없는 생명력으로 펼쳐져 있기에, 중생의 탐심은 보살의 다하지 않는 중생 구제의 의지로 드러나게 됩니다. 그리고 여래장이 무궁한 자비심으로 차 있기에, 중생의 분노는 아버지가 자식을 사랑하여 맹수로부터 보호하는 의지로 보살의 분노로 표현되는 것이 가능한 것입니다. 이미 중생과 부처님은 하나로 계합되었기에 보살은 중생의 개체성, 즉 에고로 부처님의 광명을 구현하고 있습니다.

불지(佛智)를 성취한다는 것이 깨달음입니다.

관세음보살, 보현보살, 문수보살, 지장보살과 같은 마하보디샤트바(대보살)들이 깨닫지 못하여 그분들의 복과 지혜와 방편이 조사님들의 지혜와 복에 미치지 못할까요? 깨달음을 열렬히 추구한다는 것 자체가 복이 없고, 지혜가 부족하여 만족함을 모르기에 그러한 갈증이 생겨난 것입니다.

그리하여 깨달음이라는 바다로 가기 위해 시장도 지나치고 들판의 꽃도 지나쳐, 정작 도착했을 때는 다시 돌아옵니다. 시장과 들판의 꽃도 구경하기 위해서입니다.

자신이 어떻게 나아가야 하고 무엇을 구족해야 할지 모르기에 이상을 높게 설정하고, 그 이상을 성취하면 나머지는 다 해결될 것이라 믿음.

무엇도 충족되지 않고, 무엇도 승화되지 않은 채, 깨달음의 경지에만 도달하면 갖춰지지 않은 복과 지혜는 자연스럽게 성취될 것이라고 믿는 것입니다.

그렇기에 오도송도 남기시고 견성했다고 하는 스님들이 속세의 욕망에 물들어 불교권 내에서 권위의식, 정치의식, 물욕의식을 보이는 것입니다. 자신의 현재 자리에서부터 복과 지혜를 갖추어 천수천안 관자재보살처럼 중생의 모든 소원에 응할 수 있는 방편의 힘과 중생의 모든 소리를 분별하여 들을 수 있는 분별력을 갖춘다면 그 피상적인 깨달음 타령을 안 해도 이 윤회의 바퀴는 보살의 수행처, 법륜으로 바뀔 수 있습니다.

마음이라는 것, 의식이라는 것이 에너지의 반영이라면 시장을 지나가고 들판의 꽃도 구경하는 과정에서 얻는 것이 수행의 열매이자 깨달음의 과실입니다. 증득함, 구족함이 없이 깨달음 자체만, 가령 이것이 있기도 하고 없기도 한, 그 상태만 얻는다면 박복한 자신의 인생에 대한 불만족, 여기저기 다니면서 갈증을 표출하는 일이 없어야 할 것이나, 실제로는 그러하지 못합니다.

깨달으면 자신의 박복함과 어리석음과 인연들이 정리된다는 것은 어떻게 보면 달콤한 말이고 이 말로 인해 수행을 시작하기도 하지만, 사실 자신의 박복함과 어리석음과 인연에 대한 정리 없이 깨달으면 뭐든지 해결된다는 것은 부처님의 인과법에 어긋납니다. 박복함과 어리석음과 인연에 대한 정리 이후에, 그것에 대한 마침표를 찍는 것이 깨달음입니다.

수많은 인(因)이 모여 연(緣)을 만나 깨달음이라는 과(果)를 얻게 됩니다.

석가모니 역시 전생부터 수없이 많은 보살행과 출가 이전의 체험들을 통해 사마타 수련 이후, 위빠사나라는 연을 만나 깨달음이라는 과를 얻었습니다. 엄밀히 말하면 위빠사나는 석가께서 깨달았던 방식인 연(緣)을 갖추는 것이지, 그 자체가 불지를 보장하는 것이 아닙니다.

인(因)이 없는데, 어떻게 불지를 성취하겠는지요?

많은 이들이 연, 즉 깨닫기 위한 방식에만 매달려 깨달음이라는 것을 증득하려 하나 실제로는 인을 누적하지 못하고 있습니다. 인이 누적되는 양상에 따라 선사의 깨달음, 보살의 깨달음, 부처의 깨달음이 나누어집니다. 인이 어느 정도 임계치를 넘어서 연을 만나게 되면 과가 이루어집니다.

포도 씨(인)가 물(연)을 만나 포도(과)를 맺는 것(선사의 깨달음이라 비유), 참외 씨(인)가 물(연)을 만나 싹이 터서 참외(과)가 되는 것(보살로서의 각성, 깨달음이라 비유), 수박 씨(인)가 물(연)을 만나 싹이 터서 수박(과)가 되는 것(아미타불의 깨달음이라 비유). 이렇게 불지를 성취함은 억겁의 윤회를 통해 인을 누적하고 수많은 연을 통해 깨달음을 피워내는 과정 이후에 얻어지는 것입니다.

깨달음에 대한 환상을 버리십시오. 윤회가 고통스러운 것은 중생이 욕망으로 윤회하기에 고통스러운 것이지 보살은 육도 윤회 자체가 복을 쌓고, 지혜를 닦으며, 방편을 구사하는 수행의 자리, 곧 법륜입니다.

좌공부는 본연의 흐름에 의해 충당하고, 해소하고, 리모델링하고, 자기 에너지를 모좌에 맞게 재구성합니다. 그것은 보살의 흐름과도 닿아 있다. 보살은 중생이 원하면 손에서 재보와 공양구와 음식이 쏟아지고, 중생의 열뇌를 식힐 수 있는 보병, 중생의 소원에 응하는 보주 등을 이미 몸에 갖추고 있습니다.

좌공부의 비품 운영을 통해 에너지체에 비품이 새겨지고, 좌공부의 동작과 회로를 통해 에너지체를 리모델링하여 세상 속의 나, 세상을 향해 나아가는 나를 재설계합니다. 좌공부에 '정명' 개념과 '모좌' 개념이 있는 것은 이 공부 자체가 '세상에 나는 어느 자리(座)에 있음인가'에 대한 공부이기 때문입니다.

좌공부 회원들은 이 공부가 수승한 공부임을 알고, 자부심을 가져도 됩니다.

좋은나
들판을 지나 들에 핀 꽃도 보고 시장으로 들어와도 보고, 이러한 과정으로 얻어지는 수행이 깨달음……감사합니다. 삶의 목마름이 해결되는 듯한, 평화를 느끼게 하는 이 주옥같은 글!^^

로즈마리
오늘까지 세 번 정도 이 글을 읽었습니다.
날카롭고 예리하고 신랄하고 시니컬한 지적, 그러나 과장도, 군더더기도 없는.
깨달음에 대한 저의 환상은 괴로움(꿈)에서 비롯됩니다. 지혜로 정신적 장애물을 뛰어넘고 싶은 욕구. 현실을 뛰어넘고 나를 뛰어넘어 내가 지향하는 곳이 어디일까요?

내가 사는 현실과 안고 있는 문제들을 뛰어넘는 탁월한 지혜를 갖는다면 결국 현실의 나는 사라지고 현실을 살더라도 다른 차원으로 살게 되겠죠. 그 차원 또한 지금의 근기에 맞춰 하는 생각이겠지만…….
감사합니다.

나잘나
진솔한 글 잘 읽었습니다.
"자신을 깨달음에 묻어 버린다거나 영성이라는 포장지로 감싸지만 않는다면" 저에게는 귀감입니다.
깊이 새기겠습니다. 건강하십시오.

여여하게 살 수 없습니다

http://cafe.naver.com/vajrapadme/2190

영성이라는 게 채워지지 않는 그 무언가를 해갈하거나 삶에 도움
이라도 되어야 하나 현실로 보면 백수, 반병신, 정신병자 등을 양산
하고 있습니다.

100의 의식 에너지를 보유한 사람이 단 101의 의식만 되어도 확
장적 체험이 되나 다시 100의 에너지로 돌아가게 되며, 101의 의식을
유지하고자 온갖 긴장 상태에 들어가게 됩니다. 그것은 체험이지 실
제의 확장은 아닙니다.

삼매를 탐닉하고자 단 한 줌의 평화를 위해 24시간의 주의관찰,
24시간의 채식, 24시간의 명상에 에너지를 투입합니다.

누군가 내 글에 '가슴 뛰는 삶을 살면 되겠군요'라고 하셨습니다.
제가 차마 이 카페에다 답글을 달지 않았습니다만, 좌회원들에게 말

쏨드렸습니다. 매 순간 가슴이 뛰면 그것은 부정맥의 증상이라고요. 인간은 매 순간 가슴 뛰며 살 수 없으며, 매 순간 한 찰나도 자신을 바라보며 주의집중 할 수 없으며, 매 순간 초조하게 카르마를 안 지어야 한다고 긴장할 수 없습니다.

현재 의식의 관점에서는, 내가 느끼는 관점에서는, 내가 느낄 수 있는 관점에서는 눈을 감으면 보이는 기하학의 이미지, 빛 입자의 이미지, 빛의 에너지와 빛의 존재들 등이 '진리'라고 보일 수 있고, 그것을 추구하고 그것에 맞춰가며 자신이 제대로 가는 것이라 믿을 수 있습니다.

그것이 보이거나, 느껴지거나, 후각으로 느껴지거나, 몸에 소름이 돋는 등, 수많은 감각의 장난 속에서 영성인들은 그것에 '정화'나, '차원 상승'의 징조라든가, '고에너지의 유입'이라든가, '우주적 봉인의 해제'라든가 온갖 의미를 부여하면서 반병신, 백수, 정신병자가 되어갑니다.

나는 동작과도 같다. 나오는 흐름일 뿐이라고 많이 말씀드렸습니다. 흐름이 눈에 보여 손을 흐름에 맞춰 따라갈 수는 없는 것입니다. 나는 오로지 흐름이며, 맞춰가는 존재가 아닌 것입니다.

그러면 영성적 관념에 찌든 이들은 또 '가슴이 여여하게 산다'고 말합니다. 그러나 매 순간 가슴 뛰며 살 수 없고, 매 순간 여여하게 살 수 없습니다.

364일간 열심히 명상한 사람을 콜센터에 던져놓아 단 1일의 평화를 유지 못 한다면 365일 중 364일은 수행이 모두 헛것이라고 할 수 있습니다. 기초부터 잘못되었기 때문입니다.

여여함을 쫓고 안식을 쫓으면 지금의 나는 에고, 생각 덩어리, 잡념의 존재가 되기에 뭘 해도 에고, 부정성, 잡념입니다.

기쁘기도 하고 좋기도 하고, 때로는 눈물 흘리고, 때로는 화도 내고……. 온갖 감정은 있지만, 그것이 내 전부가 아니라는 느낌. 평화로움 속에서 그러한 것이 지나가고 있음을… 중요하게 여기지만 또한 별것이 아니기도 한 것.

감정이 쉰 상태를 여여함이라고 할까요? 온갖 감정이 있어도 모든 것이 여여함의 모든 모습입니다. 모든 좌회원이 겪고 있습니다. 이전보다 감정의 기복이 줄어들고, 감정은 있지만, 영향을 덜 받는다는 것을 말하고 있습니다.

비닐봉지 안에 금붕어를 가져오면 비닐봉지에 금붕어 똥이 떠다니고, 금붕어가 별로 예뻐 보이지 않으나 수족관 안에 넣어두면 금붕어는 관상의 가치를 지니게 됩니다. 감정 역시 간장 종지만 한 에너지장 안에서는 더럽다, 깨끗하다, 아름답다 등 온갖 의미를 부여하게 되나 바다와 같은 에너지장에서는 하나의 물고기일 뿐입니다.

좌회원들의 에너지장에서는 부정성, 에고, 잡념, 번뇌 등은 하나의 장식물이자 금강계 불보살의 모든 화현이자 그것 자체로 보석이 되어갑니다. 왜냐하면, 바다는 비에 젖지 않으며, 번뇌의 비가 내리면 그것 역시 바다를 넓히는 에너지로 전환되기 때문입니다.

무엇을 향해 가고자 하는가? 무엇을 향해 도달하고자 하는가?

영성, 깨달음, 카르마 없음, 내면의 평화, 여여함 등 온갖 영성적 관념으로부터 자유로워지고, 그저 놔두십시오. 그러면 동작이 나오게 됩니다.

인간은 저울의 균형을 착각합니다. 균형을 잡는다는 것의 의미는 하나의 관념과 다른 하나의 관념을 동시에 놓아 평행을 맞추는 게 아니라 관념을 그저 놓아 알아서 균형점에 도달하게 놔두는 '놓음'에 있다.

이것조차도 영성적 관념에 찌든 이들은 '무엇을 놔야 할까'라고 고민하면서, '감정을 열심히 놓아보기, 자유롭게 해주기'라고 이해합니다. 그리고 놓은 후에는 어디로 가야 하는지 또 질문합니다. 진짜 놓음이라는 것이 무엇인지 일생에 단 한 번이라도 안 적이 없기에 그렇습니다.

감정을 겪고도 의미 없이 그저 그렇게 내일도 모레도 계속 감정적

인간으로 사는 사람도 있고(일반인), 감정을 겪고 그 감정을 놓아버리려 하고 그 감정이 그저 때가 되어 잠든 것을 감정으로부터 자유로워졌다고 여기나 다음에도 역시 그 감정이 찾아오면 역시 '에고'라면서 다시 괴로워하며 놓아버림을 무한 반복하는 사람도 있고(영성인), 감정을 겪고 무언가 요동침을 느끼고 다양한 감정이 있음을 알지만 별로 중요하지도 않고 다시 찾아오더라도 진폭이 작은 무언가가 다시 옴을 느끼고 별 게 아니라고 인지하는 사람도 있습니다(수행자).

손에 장난감을 쥔 아이에게 장난감이 나쁘다고(에고는 더럽고 정화해야 한다고) 말해서 그것을 놓기도 하지만 스스로 장난감이 지겨워져서 놓을 때도 있습니다. 이처럼 '욕망에 대한 방기', '무집착에 대한 무집착'을 통해서 이뤄지는 '놓음'도 있는 것입니다.

아무리 영성, 깨달음, 죄악인 에고, 빛과 사랑, 에너지 정화를 말해도 무집착에 대한 집착이 있다면 그것은 윤회의 파도 속에서 언젠가는 흩어질 모래성과 같은 공력입니다.

무집착에 대한 무집착의 경지가 되어야 윤회의 파도 속에서 흩어지는 백사장의 모든 모래가 공력이 되어갑니다. 여여함을 파도가 잠깐 뒤로 밀려갈 때 쌓아놓은 무념무상(모래성)으로 이해한다면 경계가 다시 올 때(윤회의 파도) 다시 흩어져버리지만, 파도에 흩어지는 그 수많은 모래알이, 그 흔들리는 그 모든 것이 공력이 되면 윤회 속에서 파괴되지 않는 것이 금강이 되어갈 것입니다.

그것이 여여함의 의미입니다.

코코아쨈
동감합니다. 먹고 소화하고 똥 누고 또 배고파지면 먹고 하는 것처럼, 그냥 다들 원래 알던 것처럼 자연스럽게 살면 되는데. 애착도 그냥 자연스럽게, 애착이 생기면 애착하고 옅게 하고 싶으면 옅게 받아들이고 없어지면 슬퍼하고 그냥 자연스럽게 하면 되는데 애착 자체를 무슨 대단한 어리석음이나 죄악처럼 생각하고 감정을 대단히 멀리해야 하는 것처럼 하는 데서 오히려 정신병자가 되는 듯해요.

몸도 건강을 지키고 체력을 키우면서 뼈대는 올곧게 근육은 유연하고 강하게 하면서 먹기도 먹고 똥도 누고 활동도 하고 활력 있게 살면 되는 것뿐인 것처럼, 마음도 그저 중심을 제대로 지키면서 심력을 키우고 파도가 치면 파도도 탔다가 비가 오면 맞고 싶으면 맞고 우산 쓰고 싶으면 쓰면 되는 거지 그 자연스러움을 수용하고 즐기는 게 아니라 온갖 과도한 분석과 거리 둠과 가치판단 혹은 해체작업을 하면서 자기가 다 통제하고 섞이지 않으려 하니 사단이 생기는 것 같습니다.

내가 나를 해체하고 분열하는데 어디에 힘이 있을 것이며 어떻게 정신병자가 안 되겠어요? 그게 뭐 딱히 그분들 잘못은 아니죠. 그렇게 하라고, 그게 현명한 거라고 일단 한번 해보라고 꾀는 메시지들이 많으니까요.
건강한 마음을 가졌던 사람도 사실 상식적으로 말이 안 되고 이상하다는 걸 알면서도 뭐 그런 걸 했다는 사람이 어떤 경지를 보고 뭐 선문답 어쩌고저쩌고 했다 하니, 현실은 부족한 게 없어서 시시하고 신비로울 것도 없는데 그런 괴담/미담들의 그 신비로움에 호기심이 들어 뛰어들게 되는 거죠.

그러나 그것도 오래오래 젖어들면 원래 알던 것도 잊거나 잃게 되어 정신 미아가 될 수 있죠. 암튼 사실 본인이 사회적으로도 멀쩡하고 인간관계도 좋고 성취할 거 다 했고 자기 할 일 다 하고 마음에 사실 별 힘듦도 없고 적당히 이성적으로 사시는 분들은 굳이 호기심 때문에 영성에 관심 가지시기보단 좀 베풀면서 하시던 대로 잘 사시는 게 좋은 것 같아요.

여여하다는 게 대단한 게 아니라 그냥 그러한 마음 상태, 중심 잡은 상태, 반석이 있는 상태, 이런저런 것을 해결도 하고 의무도 받아들이고 권리도 행하고 성취도 하고 대처해나가면서 나와 남도 이해하며 잘 살아갈 수 있는 그 상태죠.

큰 절망감도 대단한 환희감도 없지만 담백하고 생생하게 이것저것 해내며 잘 살고 계시는 분들, 그냥 그 상태가 여여함이예요. 멀쩡히 잘 살다 호기심에 절 파괴했다가, 다시 멀쩡한 마음으로 돌아가려 하는, 어디까지나 제 생각입니다.

알프스

제목에서부터 기존 영성계의 찌든 관념과 인식들을 파괴하는 글이라고 느껴집니다. 그럼에도 저는 수행과 여여함을 늘 같은 선상에 두고 있음을 돌이켜보고 반성해봅니다. 감사합니다.

마음깊이눈을두고

갈수록 흥미진진! 재밌게만 읽어서 미안한 마음도 들지만 정말 보고 또 보고 싶은 글들이에요. 눈팅족이지만 이런 귀한 글을 보고도 감사하다는 뜻을 꼭 남기지 않으면 예의가 아니라는 생각이 듭니다.

황금꽃

무동선생님 오늘도 좋은 말씀 감사합니다. ^^

무아 체험에 집착하는 자에게

http://cafe.naver.com/vajrapadme/1199

모든 것은 인연에 의해 변화한다. 그것이 석가의 핵심교설 중 하나인 연기법입니다.

하나의 사과를 말하기 위해서는 수많은 개념이 동원되어야 합니다.

사과를 예를 들어봅니다. '배'가 있고 '귤'이 있고 '감'이 있기에 이와 구분되는 사과라는 이름이 존재할 수 있는 것이기에 인식적으로 사과는 독자성이 없는 것입니다. 즉, 사과 '고유'의 '실체'가 없는 것이기에 이를 공하다고 말하는 것이지 사과가 없거나 있다는 것의 문제는 아닙니다.

제법무아[4]의 뜻은 모든 것은 인연에 의해 이루어지고 흩어지고 다시 이루어지는 중중무진(무한히 겹쳐지는 인연 고리)으로 전개되어갈 뿐, 어느 하나만 특정해서 그 제1 원인으로 말하기 어렵다는 것입니다.

제법무아를 '내'가 없다는 것으로 이해하여 무아체험을 추구하는 것은 외도(外道)이자 사도(邪道)의 견해, 즉 힌두의 견해입니다. 무아체험이라는 것은 내가 없어진다는 경지인데, 이는 특정 삼매 속에서 이루어지는 것이 아니라 중도실상을 바로 보면 집착할 것이 없다는 것입니다. 무아를 체험한다는 것은 엄밀히 말해 나를 잠깐 망각하고 어디 양지바른 곳에다가 던져놓는 것입니다. 깨어나면 던져놓은 자아의 껍질을 주섬주섬 챙겨입지요.

석가도 비상비비상처와 같은 극미묘한 의식을 체험하고 나서도 명상에서 깨어나면 다시 번뇌하는 중생임을 알고 최후의 삼매로 진입한 것입니다.

무아체험을 특정한 삼매 속에서 얻어지는 체험으로 이해할 때 나

---

[4] 제법무아 : 모든 것은 실체가 없다는 불교의 교리이다. 연기법은 모든 것은 인연되어 있어 고정된 실체가 없다는 결론으로 귀결되는데, 이를 제법무아라고 한다. 무아(無我)를 대체적으로 자아가 없음으로 이해하여 자아를 망각하는 것으로 이해하지만, 실은 집착할 것이 없다는 의미로 소극적으로 해석해야 본래의 의미에 가깝게 이해할 수 있다.

는 사라지는 체험에 집착합니다. 엄밀히 말하면 나는 사라지지 않는 데 나를 망각하는 것을 내가 사라진다고 여기는 것입니다. 나는 인연법에 의해 심종자가 폭포수처럼 흘러 그것이 교차하여 부상된 스크린이고 그 스크린을 나라고 여기는 것이지만, 그것은 허상이 아닙니다. 인연법에 의하면 집착할 것이 없다는 것인데도 그것을 존재론적으로 이해하여 '나는 없다'고 이해하는 것이 무아체험에 집착하는 자들의 사고방식입니다.

자아를 허상으로 이해하면 육사외도의 원자론과 유사한 견해에 떨어집니다. 육사외도는 석가모니 당시의 여섯 가지 학파입니다. 모든 것은 원자로 이루어져, 그 원자 사이로 칼이 지나가면 원자와 원자 사이에 칼이 지나가는 것일 뿐, 그것은 선업이나 악업이 될 수 없다고 주장합니다. 현대의 원자론, 그리고 고대 그리스의 데모크리토스의 원자론과 유사한 것입니다. 고대 인도에서도 원자론이 있었습니다.

사실 '나는 없다'는 체험을 하는 것은 불가능합니다. 그것은 존재의 완전한 소멸을 뜻하기 때문입니다. 그럼에도 불교의 선종에서는 '나'는 내가 없다는 체험을 한다는 논리적 모순을 주장한다. 사실 그것은 나를 망각하는 체험일 뿐입니다.

인도의 유식학적 입장, 유가탄트라의 입장에서는 인연법으로 이루어진, 조건 지어진 내가 그 조건들을 대체하고 그 흐름을 바꾸기만 하여도 불보살의 지혜광명을 이룬다고 하고 있습니다. 모든 중생은 인연법에 의해 중생의 업의 바퀴를 굴리고 있고 불보살은 인연법에 의해 법의 바퀴를 굴리기 때문입니다.

제법무아는 사실 내가 없다는 선언이 아닙니다. 그렇게 이해할 때에 나라는 존재는 존재의 비애, 스스로 지워야 하는 존재의 비애로 이해될 뿐입니다. 자신의 존재성을 화두 같은 의식의 집중을 통해 던져버리고, 대패같이 밀고 불도저 같은 것으로 밀어버리는 것일 뿐인데 이를 무아를 깨달았다고 하는 것입니다.

사실 무아라는 것을 체험했다 하여도 자신이라는 존재는 인연법에 의해 수많은 심종자가 교차하여 부상된 것이기에 선종에서 말하는 무아를 깨닫는 것만으로는 자신이 행해온 카르마가 바로 사라지지 않습니다.

영성계의 주된 흐름이 힌두의 법, 즉 자아를 망각하기, 자아를 내려놓기, 삼매 속에서 무아체험 하기 등으로 이어지고, 불교가 무아를 주장했기 때문에 이것이 바른 법이라고 배경 설명을 합니다.

그러나 집착하지 않음을 곧 무아성(無我性)이라 말하는 것이지 무아(無我)라는 고정된 실체가 있는 것이 아닙니다.

하열한 근기들이 제법무아를 오히려 무아라는 '고정된 실체'로 이해하여 수많은 논쟁을 일으키고 죄악을 범했습니다. 예를 들어 자아가 무아이면 카르마고 어떤 일을 하여도 카르마는 본래 없는 것이라고 말하고 다니는 것입니다. 이는 육사외도의 원자설과 똑같습니다. 인간은 원자로 이루어졌고, 칼도 원자로 이루어졌으니 칼이 인간의 목을 치면 원자와 원자 사이를 지나갈 뿐이라는 결론과 같은 것입니다.

영성계 사람 대부분이 이 무아체험을 원합니다. 더 깊은 무아체험을 보장하는 수행법을 찾아서 네이버 카페, 다음 카페, 여러 영성 사이트에 가입하고 한번 해보고, 좀 고민되는 일이 있으면 한 번 더 해봅니다. 그러다가 에너지 민감도만 올라가서 일상생활이 어려운 분들을 수도 없이 보았습니다. 수많은 탁기에 취약함, 사념에 취약함을 마치 자신이 맑아서 그런 것처럼 생각합니다.

그러나 청정함은 맑음이 아니라 실제로는 중도실상을 바로 볼 때 얻어지는 것입니다. 그래서 수많은 보살이 창녀로 화하여 남자들을 부처의 길로 가게 하는 보살도를 행합니다. 보살들이 번뇌의 바다에서 오염되지 않는 것은 번뇌를 두려워하지 않기 때문입니다.

배고파서 움직이지만, 모두가 배고프기에······

http://cafe.naver.com/vajrapadme/2552

무속인들도 광명진언을 외고, 부동명왕 수련도 말씀드렸습니다. 금강경 사경을 전문적으로 해서 금병풍으로 전시하는 사람들도 계십니다. 그리고 무동보다 수행 연식이 훨씬 많은 사람들도 있습니다. 좌공부 수행경력 20년 차인 분도 많습니다. 좌공부 수행 과정에서 사경이 들어가는데, 이는 영력으로 글자를 써내리는 것이기에 공력화된 사경을 하게 되는 것입니다.

깊은 층의 층차에서 발현된 순일한 기운으로 하는 게 가장 좋습니다.

내 선생님이 다른 사람에게 금강경 사경을 소각하라는 명을 들은 바 있기에 왜 제 사경은 소각하라는 말을 하지 않고 다른 분 사경은 소각하라고 하셨는지 여쭈니 사경이 정순해서라는 말씀을 들었습니다.

그렇습니다. 사경도 부적 쓰는 사경이 있고, 정순한 기운이 담긴 사경도 있습니다.

왜 그럴까 생각해보면, 무동은 별생각 없이 사경을 하고 수행도 별생각 없이 합니다. 이 점이 무동과 다른 이의 차이점이 아닌가 합니다. 깨달음을 향해 열망을 불태우면서 이것도 해보고 저것도 해보고, 선생님도 몇 번을 갈아치우고, 수행하면서 다른 수행에 곁눈질하고, 좋다는 기운을 세팅해보고 그 기운과 접속되고, 효과 좋다고하여 다양한 기운 줄(레이키, 고차원 빛, 보라색 화염 등)들과 연결 시도도 해보고…….

저는 그렇게 수행하지 않았습니다. 만약 목적을 물어본다면 그냥 좋아서, 재미있으니까, 라고 말하겠지만, 가만 살펴보면 강한 흡입력이 있는 그 무엇이 그 배고픔을 채울 때까지 무지막지하게 기운을 끌어당기고 있었음을 알 수 있었습니다.

창고가 큰데 텅텅 비어 땡그랑 소리, 덜컹거리는 소리만 나며 채워지지 않다가, 회로공부라는 이 수행을 만나고 나니 갈애가 채워지면서 마음이 안정화되었던 것입니다.

100g의 무게가 서로 저울추에 평형을 이루고 있다면 단 10g만 변

화가 와도 저울이 심하게 흔들리지만, 1ton이 서로 평형을 이룰 때는 100g의 변화가 와도 저울이 흔들리지 않는 것처럼, 나의 마음은 안정화되면서 때로는 괴롭더라도 그것이 큰 괴로움으로 작용하지 않는 상태가 되어갔습니다.

나를 위해 수행을 하여 내 마음의 안정을 위해 수행을 한다고 했지만, 어느덧 내가 내가 아니라는 느낌이 찾아왔습니다. 나는 다른 이가 원하는 바에 응하는 존재, 아들로서 남편으로서, 선생님으로서, 그리고 직장인으로서 움직이고 있으며 나는 이렇게 움직이는 존재이자, 응하는 존재일 뿐이라는 생각이 들었네요.

수행도 어느 순간 이후부터는 내가 수행을 하는 게 아니라 어머니가 젖을 먹으려고 많이 먹는 것처럼 대량의 기운이 필요하여 큰 규모의 좌제도를 연속해서 하게 되었네요. 필요하기에 응하는 형태로 수행이 진전되었습니다.

내가 원해서 무엇을 성취하고자 함이 아니라, 나는 응하는 존재이고, 응하기에 필요한 좌를 구비하게 되는 수행이었습니다.

좌공부는 마음을 쉬게 합니다. 만성적인 결핍과 배고픔 속에서 그 허기를 면하고자 선생님을 여러 번 갈아치우고 여러 형태의 수행을 섭렵하고 다양한 책을 눈에 집어넣어 허기를 면하고자 하지만, 이 좌공부만큼 허기를 면하게 하는 공부는 없습니다.

허기를 면하고 나서 나는 달라졌다고 선언을 하지만, 거기서 멈추는 게 소승이라면, 나를 위해서 하는 게 아닌 모두를 위해서 하는 수행도 있고 이를 대승이라고 합니다. 머릿속으로 모두를 위해서 수행하는 것이라는 개념정리도 필요하지만, 가만히 지난 일을 생각해보면 그렇게 생각만으로는 대승으로 가지 못하는 것 같습니다. 기운이 당기므로 내가 수행을 하러 기운영도 가고, 좌제도도 하고, 비품운영도 하고 탄트라도 개발하는 것이더군요.

단지 그 기운이 나라는 개별자에게만 들어가는 게 아니라 나를 통해서 모두에게 조달되고 있음을 나중에서야 알게 됩니다.

배고파서 움직이지만, 모두가 배고프므로 나도 배고파서 움직입니다.

제현
뇌리에 쏙쏙 박히는 설명과 말씀 감사합니다. 좋은 밤 되세요.^^

정오
감사합니다.

보연
와우! 정말 대박이네요. 개인의 욕구가 단순히 개인으로 국한된 것이 아닌 전체의 욕구 때문에 서로 맞물려서 돌아가는, 응하는 존재……. 아, 알고 있다고 생각했던 것들이 정말로 다시 새롭게 알아지네요. 감사합니다.

열매 안에 씨앗이 있도다

우리는 에고 덩어리, 욕망, 그리고 정화, 근원 등등 자신의 현존을 부정하고 더 높이 초월하고자 더 높이 성취하고자 합니다.
깨달음이면 모든 것이 해결되리라는 믿음으로 수행을 하고 자기를 보기도 하고 명상을 해보기도 하고 스스로 욕망이라고 규정하여 탁한 에너지를 가졌다고 자신을 손가락질하기도 합니다.

그러나 우리는 모두 이미 구현된 열매입니다. 씨앗을 따로 찾을 게 아니라 열매가 익으면 씨앗이 드러나듯, 이미 자신의 욕망과 번뇌와 괴로움의 징검다리를 건너다보면 그 욕망과 번뇌와 괴로움이 모두 자신이 활용할 수 있는 방편의 힘이 되어가는 것이지요. 그 끝은 열매가 익어 스스로 벌어져 씨앗이 드러나는 것과 같습니다.
이 장을 통해 여러분은 무한을 머금은 유, 즉 유한한 존재로서 법계에 펼쳐진 모든 삼라만상의 군상들을 체험하면서 묘관찰지를 갖추며, 더러워진 연꽃처럼 이미 물들었기에 오염되지 않은 청정함으로 삼계 모든 존재의 욕망을 조복함을 알 수 있을 것입니다.

옴아훔의 비밀스러운 경계

의식이 초월계 '나는 모든 것이자 모든 이들이다'에 머물면 현실 생활에 장애가 많다. 나라는 의식이 희박하여 이 세상의 카르마와 타인의 카르마까지 죄다 떠안기 때문이다. 지인 중 이러한 초월의식 또는 공성의식에 머무는 사람들이 많은데, 본인들은 그러한 외부의 탁기에 민감하고 현실 생활에 장애를 스스로 느껴 불편해하면서도 외부의 탁기를 정화하기에 바쁘지 현실에 의식을 고정하여 개인적 삶을 영위할 필요성을 못 느낀다. 왜냐하면, 공성의식, 깨달음, 초월이라는 것 자체가 고요하기 때문에 자꾸 그 의식권에서 머물려 하기 때문이다. 옴……. 나는 모든 것이자 모든 이들이라는 의식이다.

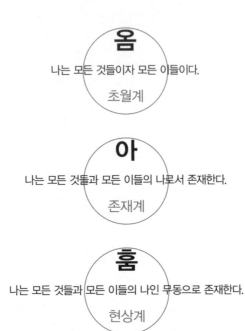

옴

나는 모든 것들이자 모든 이들이다.

초월계

아

나는 모든 것들과 모든 이들의 나로서 존재한다.

존재계

훔

나는 모든 것들과 모든 이들의 나인 무동으로 존재한다.

현상계

　의식이 존재계 가슴으로 내려올 때 '나는 모든 것들이자 모든 이들의 나이다'라는 의식으로 삶을 영위한다. 나는 모든 이들이지만 또한 나는 나로서 활동한다. 삶의 구체적 활동성은 미약하지만, 전체로서의 자각과 개별로서의 존재감은 있다.

　그러나 이 세상에 대한 책임감은 없다. 굳이 말하면 아라한의 의식이다.

　나는 깨달음을 얻고 싶다. 그리고 깨달음을 얻었다. 그리고 끝이다.

아······. 나는 모든 것이자 모든 이들의 나로서 존재한다.

의식이 현실계로 내려올 때 '나는 모든 것들이자 모든 이들의 ○○
이다'라는 의식으로 삶을 영위한다. 개인에게 부여된 사명을 전체 속
에서 조망하면서 실현한다. 서산대사와 사명대사가 대표적인 분이시
다. 개인에게 부여된 사명을 현실계에서 펼쳐낸다.

석가모니께서도 단지 보리수 아래에서 깨달음을 얻으실 때 그 깨
달음의 희열과 고요함에 머물러 바로 열반에 드시려 했다. 그러나
마음을 돌이켜 중생을 위해 설법을 하기로 마음에 돌린 순간, 옴아
훔이 완성되었다.
훔······. 그것은 의식이 '모든 것이자 모든 이들인 나로서 ○○○이
다'라는 자각이다.

개인이 개인의 명을 자각하게 된다면 초월, 존재계를 굳이 마스터
할 필요가 없다. 석가께서는 깨달으셔야 본인의 명을 행할 수 있었기
때문에 반드시 초월계로서의 존재이자 존재계로서의 존재로 화하여
현실계에서의 설법을 진행한 것이다.
아인슈타인, 모차르트, 테슬라 등 수많은 역사상 위인들은 개인
의 명을 완전히 자각하여 전체로서의 나를 구현해낸 분이다. 훔의
나로서 전체와 전체 속의 나와 전체 속의 ○○○를 완전히 구현해낸

인물로는 서산대사와 사명대사가 있다.

표충사에서 옴아훔을 깨달았다. 사명대사와 연이 있는 절에서 훔의 의미를 알았다.

씨앗이 옴이자 근원이면, 뿌리가 아이자 존재이고, 열매가 훔이자 현실 속 나인 근원이자 존재이자 현실의 나이다.

수행의 방식으로 말하면 대일경의 삼구법문, 씨앗이 보리심이고 뿌리가 대비심이고 열매가 방편이다. 이 세상(현실)을 위해 펼쳐낸 방편이 보리심과 대비심이 집약된 것이기에 방편이 곧 깨달음이라는 논리가 된다.

많은 수행자가 나를 희석하고 초월의 나로 접근해가고자 하나 쾌속선을 타고 이미 건너간 열반의 세계에서 현실의 세계로 돌아올 방법이 없다. 그러나 현실의 세계에서 징검다리로 하나하나 밟아나간 사람이 열반의 세계에 도달했다면 그는 다시 현실의 세계로 징검다리를 되짚어 돌아갈 수 있다.

의식은 옴으로 시작해서 훔으로 갈 수도, 아니면 훔에서 시작하여 훔에 내재한 옴을 완전히 깨달을 수도 있다. 열매 안에 씨앗이 있다는 것만 알면 훔에 내재한 옴을 깨달을 수 있다.

나는 과연 나일까? 아니면 나는 전체일까?

우리는 훔에서 시작해서 훔에 내재된 영성의 빛을 찾는 좌공부를 시작한다.

정명이라는 것, 바른 명, 그리고 기운영, 기운대사, 회로 등 이러한 좌공부는 이 세상을 전제로 하여 흐름을 타는 것이다. 이 세상이 없다면 바른 명이라는 명 자체가 없고 이 세상을 운영하는 의미를 지닌 기운영도 없으며, 이 세상에 대량의 정보를 지닌 존재와 대사할 수 없고 이 세상 속에 내가 영적 진화를 가속하게 하는 회로도 없다.

수행은 자신을 잊고 좀 더 깊은 무언가를 추구하는 것이라 하지만, 정작 자신을 잊어버릴 때 빛과 같은 빙의체, 빛을 흉내 낸 존재, 빛을 갉아먹는 청잡 등이 온다.

'이 세상의 나'라는 개념 없이 수행이고 빛이고 차원 상승을 꿈꾼다면 그들만의 리그, 그들만의 리그에서나 통하는 공력이고 빛이고 사랑이다.

이 세상 속의 나, 지금 나, 현실의 나. 이 개인에서 출발하는 흐름이다. 추상적인 거대한 근원의 흐름이 나오는 것이 아니다. 우리는 근원을 모르지만 나는 알고 있다. 이 나로부터 미세한 흐름을 찾아 근원의 흐름을 타는 것이다. 우리가 상상한 근원은 어디까지나 관념이지 실재가 아니다. 실재는 이미 우리에게 구현되어 있으며 우리는 그 흐름을 구현하기만 하면 된다.

모든 이들이 본인들이 설정한 관념, 대전제를 잘못 설정하고 수행을 시작한다. 나는 저열한 존재이고 고차원 존재에서 나오는 빛을 받는다는 것이 빛 명상의 기본 개념인데, 이때는 자신의 본연의 흐름은 뒷전이다. 자신이 흐름을 타지 못해 우환이 발생하는데도 카르마를 청소했다고 기뻐하고, 업그레이드되었다고 하나 가만히 보면 행복은 언제 찾아올지는 모르고, 인생은 늘 고달픈 업그레이드의 연속이다.

본인에게 부여된 명. 존재 그 자체. 존재의 흐름이 옴아훔의 '훔'이다.

수행자는 '옴', '나는 모든 이들이다'에서 머물 수도, '아', '나는 모든 이들로서의 나이다'에 머물 수도, 아니면 '훔'을 각성하여 열매 안에 씨앗(옴)이 들어가 있음을 깨닫는 경지에 도달할 수도 있다.

우리는 근원이 씨앗이었고 근원이 자비심으로 뿌리를 내려 하나의 과일로 근원의 정수가 모인 존재이다. 우리가 과일인데 씨앗을 찾으려 하지 말자. 과일로서 존재가 익으면 떨어져 씨앗이 드러난다. 명을 이행할 때 근원의 모습이 드러난다는 것을 사명대사와 서산대사께서 보여주셨다.

Bluedrop

감사합니다. 나의 정명을 이 세상에서 구현하지 못하면 아무리 깨달음을 구해도 한 낱 환상에 지나지 않습니다.

깨달음이라는 관념에 매몰되어 나의 사명을 완수하지 못한다면 남아 있던 업에 이번 생의 업까지 얹어서 다음 생을 다시 시작해야 할 것입니다.

세상 만물이 철저히 근원의 법칙에 의해 짜여 있으나, 업에 가려 그것을 못 보고 있을 뿐입니다.

결국, 개인의 차원에서 소명을 제대로 이행하여 이 삶 자체에서 근원이 드러나게 할 때만이 업은 소멸하게 될 것입니다. 이 존재 자체가 존재의 이유입니다.

'나'라는 분리의식을 체험하는 것은 '나'로서 이 삶을 살기 위함입니다. '나'를 제대로 살아내지 못하고 '전체'를 논한다면 그것이 무슨 소용이 있겠습니까.

wildpendulum

- 초월적이면서도 현실적인 것.
- 이 땅 위에서 신성(神性)의 구현. 신성의 토착화, 현실화. 신인합일.
- 개인의 명을 자각하여 전체로서의 나를 구현.
- 씨앗 품은 열매
- 그리고 나(좌공부를 한다고 전제^^)
→ 공통점은? (힌트: 한 글자)

Field of consciousness
- 마음은 조건 지어진 에너지의 구조

http://cafe.naver.com/vajrapadme/757

현재 이 공부를 마음공부와 대비하여 에너지 수행으로 여길 수 있다. 맞는 말이다. 그것은 마음공부의 입장에서, 스스로 마음공부 인들이 자랑스럽게 여기는 마음에서 에너지 수행을 보는 것이기도 하다. 그러나 정확한 말이 아닐 수 있다. 마음이라는 것은 조건 지어 진 것들에서 부상한 흐름이다.

프로젝터, 스크린, 필름 등의 구조물에서 빔이 나와 스크린에 투 사된 형형색색의 것들……. 그것을 마음이라 한다. 마음은 인간의 영적 설계체에서 빚어진, 투사된 것이다.

이 마음에서 마음으로 보려고 하니 오물 묻은 손으로 오물을 닦 아내는 것과 유사하다. 스크린에 투사된 형형색색의 수많은 '나' 연 속체에서 진짜 나를 보려고 하니 얼마나 힘든가?

마음은 에너지의 구조물에서 파생된 것이며 이를 식장(識藏), 영어로는 'Field of consciousness'라 한다. 유식학을 아는 이들은 이 식장 개념을 알 것이다.

우유가 변성되어 겉에 생크림이 뜨고 생크림 위에는 발효되기 시작한 버터가 있는 것처럼, 인간의 가장 깊은 에센스에서 수많은 마음의 층이 분리되었고 에센스 위를 둥둥 떠다니는 에센스의 거품을 우리는 마음이라 한다.

스크린에 비추어진 영상들이 내 마음이지만 그 마음과 프로젝터기, 스크린, 받침대 등은 둘이 아니다. 영상과 장비가 같지는 않지만, 장비가 있어야만 영상이 보이는 것처럼 마음과 에너지의 설계체는 같을 수도 다를 수도 있다.

수행자는 마음을 에센스와 분리된 것으로 여겨 마음 수행과 탄트라 수행을 별개로 여긴다. 그래서 마음은 직접 성불하는 길로 여기고 탄트라는 에너지 수행이라고 생각하며, 이에 기운으로 성불을 어떻게 하느냐고 반문할 수 있다.

그러나 탄트라적인 관점에서 보면 마음은 에너지 일부가 드러난 것인데 마음을 쉰다고 해서 어찌 근본 망상체를 정화할 수 있겠느냐고 반문할 수 있다.

동양권 불교가 화두를 집중적으로 참구하여 그것을 놓아버릴 때 여기는 해방감을 대자유인이라 선언하는 것은, 마음을 밀어버리려는 뜻이다. 집(=마음)이 거추장스러우니 집을 밀어버리자는 것이다.

그러나 탄트라는 에센스의 거품들이 역시 '에센스의 일부'라는 자각에서 시작하여, 마음을 밀어버리지 않고 내 마음을 초가집에서 기와집으로 바꾼다. 탄트라적인 관점에서 마음은 에너지의 구조이다. 본질, 에센스, 불성, 여래장이라 불리는 진아가 변이(變移)하여 순차적으로 변화한 것을 마음이라 한다.

여의(如意)라는 말이 있다. '뜻대로 하소서'라는 뜻이다. 그 뜻은 근원의 흐름이고, 동작은 이 흐름을 강화하고 순일한 흐름으로 순도를 높여가는 것에 그 의미가 있다.

스크린에 비추어진 영화를 바꾸려면 헌 스크린도 새것으로 바꾸고 프로젝터도 새것으로 바꾸고 필름도 바꾸어야 한다.

수행자의 자아는 한계가 있다. 조건 지어진 구조에 투사된 자아에서 그 '조건'을 감지하기란 여간 어렵지 않다. 왜냐하면, 자아는 이미 '완료된' 것으로 작동하기 때문이다. 그러나 수행자의 흐름이 나오기 시작하면 완료된 자아는 모를 수 있지만, 본연의 흐름이 자아를 바꾸기 위해 서서히 스크린, 프로젝터, 필름까지도 바꾸어낸다.

인간의 자아는 '모좌'가 설계하여 정명을 수행하기 위해 이미 조건 지어진 것이다. 이 모좌가 직접 지상에서 움직여 조건 지어진 마음과 조건을 설정하는 근원의 흐름과 같이 움직이는 존재를 '성자'라 한다.

몇몇 사람들은 성자라는 캐릭터를 수행하기 위해 조건을 아예 성자로 세팅한다. 그러나 어떤 분들은 이미 조건 지어진 마음과 근원의 흐름이 같이 운영된다. 성자의 '역할' 즉 성자로서의 조건 됨을 갖고서 활동하시는 분도 있고 조건 됨을 직접 설계하는 영적 진화의 주체, 모좌로서 활동하는 분도 있다.

탄트라 이야기를 언급한 것은 마음 역시 구조라는 것을 말하기 위함이다. 조건 지어진 것이 마음이라는 것이다. 좌공부는 마음 너머의 흐름이 나와 조건 지어진 자아와 조건 지어진 에너지장을 완전하게 한다. 과거 정리와 현재 제도와 미래 생의 설계를 현재에서 이루어낸다.

모좌가 운영되면 그때는 운명과 숙명이라고 불리는 것들이 곧 내가 열어가는 대상임을 알게 된다. 조건을 구현하는 설계체가 직접 현실을 운영하게 되니, 내가 가는 길이 곧 창조하는 길이 되는 것이다.

무한을 머금은 유

http://cafe.naver.com/vajrapadme/1788

의식은 기본적으로 좌입니다. 이미 짜인 것입니다. 매트릭스의 얼개들, 10천간, 12지지의 시공간의 격자 구조로 인간의 개성체를 설계합니다.

서양의 어떤 이들은 이 시공의 격자를 설명하면서 하늘의 별들과 격자를 연관하여 천왕성, 해왕성, 명왕성, 토성, 목성, 화성, 금성, 달, 태양 등의 배치로 인간의 운명체가 결정된다고 설명했습니다. 동양에서는 시간을 10개의 씨줄과 12개의 날줄로 이해하여 사주명리로 인간의 개성체를 이해했습니다.

인간은 점성학적으로 말하면 하늘의 별들이 만다라로 화하여 그 만다라가 인간으로 화현한 것이며, 사주명리의 시각에서는 시간의 격자로 네 개의 기둥(사주)과 여덟 개의 글자(팔자)로 만다라를 짜서 태어난 존재로 이해하기도 합니다.

인간의 의식은 만다라이며 지구의 혈맥이 응집된 장소가 명당이라는 곳이고, 태양계는 태양을 중심으로 한 만다라이며 북극성은 지구에서 한 지점에 고정된 별이지만 그래도 지구에서 바라보면 하늘의 별들의 중심 자리, 만다라의 중앙에 해당합니다.

인간의 개성체가 시공간의 만다라(사주팔자)와 하늘의 별들(점성학)과 땅의 혈맥(풍수지리학)이 구현된 만다라라면, 인간의 영적인 체 역시 시공과 하늘과 땅의 만다라의 결집체인 것입니다.

– 만다라의 몸을 성취하는 좌공부 중 일부 발췌

하늘의 만다라

이 지구도 우주 대만다라의 일부로서 동참하나 좌의 속성이 그러하듯 서로가 중심이 되기도 하고 주변이 되기도 합니다. 하늘의 만다라가 지상과 같이 움직였기에 옛날 사람들은 혜성과 일식과 월식이 인간의 심리에 영향을 준다고 믿었고 국가의 재난과도 결부했습니다.

땅의 만다라

지구의 혈맥이 모이는 곳에 대도시가 생기고 역사의 중심이 되었습니다.

시간의 만다라

시간 역시 좌이다. 이 시간을 유형화시킨 것이 동양철학의 60갑

자, 10천간, 12지지입니다. 시간에 이름을 붙이고 의미를 붙여 네 개의 기둥인 사주와 8개의 글자 팔자로 인간의 일생을 해석하기도 한 것입니다. 끝없는 시간과 끝없는 공간 모두가 인지할 수 없다고 여기고, 또 무한으로 여겨지기도 하지만 만다라로 화할 때는 유형화시킬 수 있습니다. 마찬가지로 우리 개개인은 무한이 흐름을 타서 유형화된, 무한을 담은 유한입니다.

— 하늘의 만다라 땅의 만다라 시간의 만다라 글에서 발췌

이 글들에 어떤 분이 놀라셨다. 의식을 좌라고 이해하고 초자연적이라 여겨지는 것을 이 정도로 설명할 수 있는 분은 처음 본다고 말이다.

우리는 무한 혹은 끝없음, 공을 말하면서 그에 비해 초라한 '유(有)'의 세계를 보잘것없이 생각하는지도 모른다. 그동안 영성계에 있어서 무한, 본성, 절대, 공, 끝없음을 강조하는 글을 보았지만, 나는 개인적으론 유한, 번뇌, 에고, 카르마가 무한, 본성, 절대, 공, 끝없음과 동일하다는 이야기를 어디에서도 본 적이 없다. 그만큼 이 영성계에서는 무한, 본성, 절대, 공을 참 좋아한다.

그러나 우리는 허공을 볼 수 있는가? 태풍의 눈만 보고서 그것을 태풍의 눈이라고 알 수 있는가?

비록 허공을 볼 수 없지만, 허공을 채운 사물이 있기에 허공을 허공이라 부르며, 태풍의 눈을 볼 수 없지만, 태풍의 회오리침을 보고서 태풍의 눈을 태풍의 눈이라 부르는 것이다.

공을 향해 달려감은 그리고 무한을 향해 달려감은 곧 나도 모르는 것으로 내가 감과 동일하기에 공을 잡으려는 수행자, 무한을 성취하려는 수행자는 올바른 성취를 하기 어렵다.

실상을 바로 보는 반야지의 관점에서 허공은 허공이 아니며, 태풍의 눈은 태풍의 눈이 아니다. 그래서 영성을 통해 영성에 도달한다는 것은 물에 한 번 쓸리면 사라질 모래성 쌓기와 다르지 않다.

이 우주에는 영성계가 없기 때문이다.

이 카페가 그렇게 깨달음, 빛, 공성을 강조하지 않는 것은 무한이라 인지되는 '대일여래'의 나툼, 유한이지만 그 유한은 무한을 머금은 우리이기에, 깨달음이나 빛과 공성을 굳이 다른 데서 찾을 필요가 없기 때문이다.

시간도 무동금강의 인식 범위에서는 물질로 인지된다. 사실 어떻게 보면 무한이라고 하는 것은 인지할 수 없는 것을 뭉뚱그려서 말하는 것이 아닌가 한다.

좌공부의 강력함은 무형의 기운을 유형화하여 정리함에 있다. 우리가 감지할 수도 없고 알 수도 없고, 느낄 수도 없는 참 애매한 카르마를 눈에 보이게 형상화하여 정리하는 기법. 그래서 사무처리의 기법이 강력하다는 것이다.

원만한 의식, 원만무애한 복덕의 의식

http://cafe.naver.com/vajrapadme/1206

사람들이 바른 흐름이라는 것을 종종 질문한다. 가끔은 나의 정명이 무엇인지, 나에게 바른 소명이 무엇인지 물어보시는 분들도 있다. 그때 내가 그에게 당신의 바른 명은 화장실 청소에 있다고 하면 그는 그것을 바른 명이라고 여길 것인가? 명은 어찌 보면 열어가는 것이지 주어진 것은 아니다.

흔히들 흐름대로 산다고 할 때 그 흐름을 인생의 굴곡이 없고 평탄하게 살고 행복하게 사는 것이라고 여기는지도 모르겠다.

바른 명이라 함은 내게 주어진 조건들, 즉 이러이러한 성격을 지닌 내가 어떤 환경에서는 어떻게 행동할 수밖에 없는데 그럼에도 내가 어떻게 행동하는지, 아니면 이러이러한 환경과 배경 속에서 자란 나는 특정 환경에서 어떻게 나아갈 수 있는지 등에 대해 자기 의문과 성찰과 나아감이다.

그것은 운명이나 숙명론은 아니다. 주어진 것에 나는 피동적으로 흘러가고 흘러간 나에게 이것은 운명이라고 자기 위안 삼는 것이 운명론이라면, 흐름대로 산다고 할 때의 흐름은 내게 주어진 조건들, 즉 마음의 영역에서는 심체(心體)의 조건들로 이루어진 '나'의 의미를 다 한다는 것이다.

나에게 부여된 조건들의 의미를 다할 때 다음 길이 열린다는 말. 그것이 바른 흐름이다. 만약에 학력이 낮고 기술이 없는 사람이 사무직 일을 구하기 위해 10년을 백수생활을 했다면 그것은 조건을 다한 것이 아니다. 자신에게 부여된 조건, 학력이 낮고 기술이 없더라도 당장 열심히 살아보고자 화장실 청소일을 한다고 하면 그것이 정명이다.

조건을 다한다는 의미는 그런 것이다. 내게 부여된 조건, 이러이러한 성격과 환경에도 나는 어떻게 나아갈 것인가가 바른 흐름이다.

외부적 조건에 나의 환경과 성격을 비유했지만, 사실 이 흐름이 가장 철저히 적용되는 것이 마음의 영역이다.

마음은 정교한 심종자에 의해 구현된 것이다. 영사기, 받침대, 스크린, 필름이 모든 것이 모여서 마음이라는 투사물을 만들고 이 마음은 수많은 'IF'의 연속체로 우리 현실계에서의 결론을 통해 수많은 정보를 모은다.

인간의 개성이라는 것은 가정법 IF의 연속체로서, 지구 상 하나의 개성으로 살아갈 때는 그 IF에 어떠한 답을 다느냐에 따라서 영적인 진화가 결정된다.

보통 설계대로 살아가면 좋겠지만, 카르마가 많은 경우, 설계해야 할 때 조건들이 굉장히 많이 붙는다. 설계의 폭이 좁아지고 현실계에서 나아갈 수 있는 폭이 제한되는 것이다.

우리는 복이 없음을 흐름대로 살지 못한다고 여기는 것 같다. 어찌 보면 복이 없음은 흐름대로 사는 현재 모습의 반영일 뿐, 복이 없으면 복을 지으면 되고, 선한 마음을 지으면 되는데, 당장의 행복함을 바라는 것 같다.

예수님께서도 이미 십자가에 못 박힐 것을 아셨으나 그것을 받아들이는 과정에서 피땀이라는 것을 흘리셨다. 피땀은 인간적 고뇌의 결정체이다. 그 같은 성자도 자신에게 내장된 가정법 IF의 질문에 그 조건의 의미를 다 하는 방향으로 남김없이 자신을 내던지는 과정을 겪으셨다. 그것이 수행의 공력이고 힘이라고 본다.

우리는 흐름을 안다고 할 때 그 마음을 살펴볼 필요가 있다. 긍정적인 흐름은 북돋고 부정적인 흐름은 억제하는 것은 현재 의식의 관점이다. 발 뻗고 편히 자고 배 두드리는 것. 알면 피하고 좋은 곳으로만 갈 수 있으니까.

그러나 우리는 흐름이 구현된 존재이며, 흐름은 우리가 아는 어떤 것이 아니다. 우리는 이미 흐름 속에서 특정 조건으로 이미 구현되어 흐름이라는 강물을 타는 존재이다. 그때 나의 정명을 아는 것은 더는 의미가 없어진다. 다가오는 순간에 최선을 다해 몰입하고 최선을 다해 살아가면 IF가 내던지는 물음에 다해진다.

에고는 무엇일까. 무의식 속의 나라는 존재는 주변환경과 사람들, 나 아닌 에너지와 에너지 교류를 통해 스스로 완전해지고 원만해지길 원한다. 나이 40대나 50대의 아저씨나 아줌마가 부러웠던 시절이 있었다. 특유의 안정감이 부러웠다. 나라는 존재가 주변환경과 대사하고 내 에고의 의미가 어느 정도 다 할 때 안정감이 부상된다. 그래서 중년에 접어들면 안정감이 있는 경우가 많다.

완전해지고 원만해지기를 원하는 그 갈증이 주변 사람들과의 충돌과 집착으로 이어졌다. 내가 좌공부를 하면서 좋았던 것은 그 원인 모를 불안함과 초조감이 사라졌다는 것이었다. 우리는 삶의 문제에 답이 구해지거나 문제 상황이 쉬어지기를 원한다. 그러나 답을 얻으면 문제 상황은 해결될지 모르지만, 내면의 갈증은 다른 문제를 일으킨다. 갈증이 드러나 수많은 체험을 해야 원만한 의식으로 들어갈 수도 있다. 그러는 와중에 수많은 에너지 반작용(카르마)이 발생하여 영적 진화가 더더욱 어려워지는 것이 중생들이다.

언제인가 어느 분 목에 붉은 기가 있음을 알았고 그분에게 강렬한 성적 욕구를 느꼈으나 차를 한잔 마시고 나니 그 갈애가 사라짐을 느꼈다. 나중에서야 그분과의 살업이 성적 욕구로 드러났음을 알았다. 보통의 사람들은 그 갈애에 의미를 둬서 전생의 인연이 있으니 연인이 되어야 한다고 말하거나 그 갈애 자체에 충실하여 성적 욕망에 충실한 행동을 했을 수 있으나 나는 그러하지 않았다. 다만 에너지의 대사가 있을 뿐이었다.

원인 모를 불안함과 초조함, 인간의 내면적 갈증은 기운대사와 기운영과 회로 등으로 충당할 수 있다. 인간에게서 혹은 인간의 반응으로부터 갈증을 충족할 때는 수많은 문제가 야기되나 자신의 수행으로 에너지와 에너지 사이에서 갈증이 다할 때 나의 영적 의식은 더욱 원만한 의식으로 탈바꿈한다.

갈증이 다한다는 것은 그만큼 의식이 완전해진다는 것을 의미한다.

조화로움 그 자리, 만다라로.

황금꽃
흐름을 타는 자에게 에고는 근원의 도구라…
인상 깊은 말씀입니다. 감사합니다.

에고에 대해

http://cafe.naver.com/vajrapadme/2150

좌공부 회원님들께 말씀드린 내용입니다. 이 세상은 에고로 돌아
간다고 말씀드렸지요. 저 역시 좌공부가 최고라고 생각하지 않는다
면 여기 앉을 필요가 없고, 이것이 맞고 저것도 옳다는 생각이 있다
면 굳이 공부방 열 필요도 없다고 말씀드렸습니다. 에디슨이나 아인
슈타인 예를 들면서 그분들이 과연 인류에게 헌신하기 위해 발명했
을까 하고 되물었습니다. 내일 먹고살 것이 없어 생계유지 차원에서
했을 수도 있음을 말씀드렸습니다.

개인의 에고로 이 세상은 굴러갑니다. 그것이 어떤 퍼즐에 끼워
맞춰지는 지, 자신의 퍼즐이 이 우주 모자이크화에 어떤 위치에 들
어가는지, 나는 알 바가 아닙니다. 내가 근원자도 신도 아닌데 어찌

알겠으며, 내가 어느 자리에 들어가야 하는지도 내가 알 바가 아닙니다. 그것이 신의 뜻이라든지, 근원자라는 추상적인 이야기는 안 합니다.

우리는 욕망과 에고로 움직입니다. 볼펜으로 회로를 그리듯, 어떤 회로가 나올지 모른 채 손에 쥔 볼펜이 움직이듯 나는 하나의 볼펜이며, 삶이 특정 방향으로 가서 하나의 회로가 된 것이 나의 삶입니다. 역사상 모든 위인과 성자들이 에고로 인해 일하고 성취했습니다.

저는 인간적입니다. 인성은 훈기를 발산하는 목사님보다 못할 수는 있지만, 적어도 평균인 정도는 됩니다. 그러나 그 이상의 것, 성자 이미지를 투영하지는 않았으면 합니다. 이마 위에 점 찍고 온화한 미소를 짓고 욕망 없이 사는 사람은 아닙니다. 칭찬에 헤헤거리며, 반말하면 따져 묻고, 선생님 대우를 받길 원하고 예의 없으면 바로 뭐라고 하는 사람입니다.

그러나 상식선에서 움직이기에 타락하지 않습니다. 영성 지도자들이 타락하는 것은 그들이 인성을 부정하고, 욕망과 에고 자체를 부정하고 초탈하려고 했기 때문입니다. 인성 위에서 쌓은 탑인데, 인성을 부정하는 것에서 시작한다면 이는 모래 위에 쌓은 탑이므로 한 번의 윤회로 파괴되는 것입니다.

그러나 인간 존재 자체로부터 시작한다면 존재가 영원히 파괴되지 않는 이상 그것은 금강심으로 남습니다.

모든 번뇌와 집착과 욕망은 여래장에서 시작했기에 여래장에 돌려놓아 승화시키면 모든 번뇌와 욕망과 집착이 '금강아(金剛我)' 즉 아상을 가진 금강보살, '금강만(金剛慢)' 즉 교만함을 가진 금강보살, '금강애(金剛愛)' 즉 애욕을 가진 금강보살로 되어 하나의 금강대만다라가 완성됩니다.

여래장에서 시작했기에 여래장에서 유출된 자체가 금강계대보살들입니다.(승만경에서도 번뇌가 끝없듯이 여래장이 끝없고, 번뇌가 무궁하기에 여래장이 무궁하다고 합니다.)

한 개인의 마음이 내 마음을 만다라로 바꾸며, 한 개인의 삶이 이 우주의 만다라를 장엄합니다.

무동금강
한 개인의 마음을 만다라로 장엄함은 회로로 내 마음의 모든 것을 정리하고 장엄함과 동일하며, 한 개인의 삶이 우주의 만다라를 장엄함은 나의 지향성 곧 좌명이 우주의 만다라를 장엄하는 것과 동일합니다.
내 마음의 심왕(心王)이자, 심주(心主)이신 대일여래께서 펼쳐놓은 금강법계 만다라가 곧 내가 하는 회로이며, 심왕이자 심주가 가는 방향이 곧 좌명입니다.

코코아쨈

브라보.

황금꽃

오늘도 멋진 글을 써주셨네요. ^-^

선생님 칼럼을 읽으며 좌공부 입문 전 제 모습이 생각이 났습니다. 제가 좌공부를 시작하면서 달라진 변화 중의 하나라면, 좀 더 자신의 욕망이나 에고에 대해서 너그러워지고 편해졌다는 것입니다.

이전에 있던 종교단체에서는 지도자분들이 권선징악을 바탕으로 설법하시고(그게 꼭 나쁘다는 건 아닙니다만), 수행하면서 에고는 항상 버려야 할 것으로만 간주하여 항상 에고에 대해 죄책감, 자책감과도 같은 것이 있었습니다.

왜 나는 항상 좀 오만하고, 나를 낮추거나 봉사하기 싫어하고(그 단체에서 단체 봉사활동 같은 것을 강조하셨는데 그게 전 그렇게 가기 싫더라고요), 게으르고, 잡생각도 많고, 욕심도 많을까…… 이런 종류의 자책감이요.

하지만 무동선생님 칼럼에서 '지옥연화부터 천계연화까지 전부 구현된 만다라'라는 문장이 제게 굉장히 신선한 충격으로 다가왔고, 좌공부에 입문하면서 자신을 좀 더 솔직하고 편안하게 받아들이게 되었습니다.

지금은 수행에 있어 인성의 역할이나 인성이 가진 개성을 인정하고 받아들이게 되었고, 결과적으로 자신을 더 사랑하게 된 것 같아요.

더불어 자책하고 싫어하기만 했던 제 에고에 고마워하게 되었습니다. 에고가 없으면 저는 이 전쟁 같은 대한민국에서 ^^; 단단히 발붙이고 살 수도 없을뿐더러, 직장인이자 사회인으로서 사람 구실 할 수도 없을 테니까요.

제현

좋은 말씀 감사합니다.

문비

감사합니다. _()_

사사무애의 경지

http://cafe.naver.com/vajrapadme/1357

깨달음은 이 몸에 이미 구현되어 있다.

즉신성불, 이 몸이 그대로 부처가 되는 것. 그것은 이 몸에 그러한 가능성이 잠재되어 있기 때문이다.

힌두의 깨달음과 밀법의 깨달음의 차이는 힌두는 초월로 날아가 버리며 밀법은 화엄경의 사사무애의 경지에 이른다는 데 있다.

사사무애란 무엇인가? 이사무애가 현실과 깨달음의 세계가 걸림이 없이 모두 하나임을 아는 세계라면, 사사무애는 근원과 현실이 다르지 않음을 증득하는, 이사무애를 넘어선 경지이다.

근원과 현실이 다르지 않다는 것을 이사무애라 하면 '현실만이 근원이다'라는 것이 사사무애다.

화엄경의 사무애, 이무애, 이사무애, 사사무애에 대한 설명은 많고 해설은 제각각이다. 한번 정리하여 풀어보면 다음과 같다.

사무애는 사물에 걸림이 없는 경지 즉 도덕과 윤리에 대한 각성자를 의미하며, 이무애는 사물 이면에는 진리 즉 법의 성품이 있으며 이를 체득한 자를 종교인이라 한다. 이사무애는 사물과 법의 성품은 걸림이 없음을 의미하며 이를 체득한 자를 깨달음을 증득하여 세상에 나투는 각성자라 한다.

사사무애는 사물과 사물이 걸림이 없다. 오로지 용(用)이 있을 뿐이다. 많은 이들, 영성인들, 종교인들, 도덕가들이 '쓰임' 즉 근원의 쓰임을 허상으로 보고 저마다 생각한 근원으로 도달하기를 애를 쓰나 실제로 근원자는 없다. 체(體)를 잡으려 하나 실은 체는 용(用)에 들어가 있다. 밀교가 고도의 방편을 수없이 보유하고 있고 밀교의 성자들이 고도의 방편으로 중생 구제의 사업을 펼쳐낸 것은 사사무애의 경지, 방편이 곧 법이고, 중생이 곧 부처이기 때문이다. 이는 절대성이며, 희론(가치 없는 논쟁)의 대상이 될 수 없다. 이는 방편과 법이 다르지 않음, 부처와 중생이 다르지 않음을 넘어선 경지이다.

많은 이들이 입버릇처럼 중생이 곧 부처라 하나, 실은 부처와 중생을 나누는 관점을 갖고 둘은 다르지 않다고 말할 뿐이지, 중생의 수없는 마음들을 번뇌로 치부한다. 그리고 영성인들 대부분은 빛과 어둠, 카르마와 카르마 아님, 평안과 불안의 대립 의식 속에서 깨달음을 갈구하고 있다.

그래서 내게 정명을 이루면 평안한지 물어보는 것이고, 나의 소명을 이행하면 여여하게 살 수 있는지 물어보는 것이다. 우리가 버리려고 하는 것, 인성(人性)에 대한 두려움, 수치심, 인정하지 않음이 있기 때문이다.

그때 나는 대답한다. "정명을 이행해도 불안하고 힘들며 여여하지 않습니다"라고……

나는 나의 인성(人性)에 대해서 내가 왜 이럴까, 나도 별 수 없는 인간이구나, 라고 느낄 때가 있으며 그러한 것들이 수행하면 사라지고 정화되고 없어지는 것이 아님을 알고 있다.

이 영성계, 수행계에서 수많은 지도자가 타락했고 자신을 따르는 사람들을 타락하게 했던 이유는 인성을 부정하고 정화할 대상으로 여겼기 때문이다. 자신의 기초부터 시작하지 않고 자신의 관념에서부터 시작했기 때문이다.

우리는 인성(人性)을 부끄럽게 생각하고 그것을 버리고 정화하여 신의 경지에 도달하고자 한다. 그러나 밀교에서는 이 인성 안에 신의 성품이 들어가 있다고 한다. 부처의 번뇌는 중생구제의 방편을 고민하는 번뇌이며 부처의 애욕은 중생 한명 한명에 대한 애착으로 지옥

끝까지 들어가서 구제할 욕망이며 부처의 탐욕은 중생을 하나라도 더 탐욕스럽게 구제하려는 마음이다.

화엄경의 사사무애. 번뇌를 감추고 규범 안에서 누르려는 것이 사무애이며 이는 도덕가다. 번뇌를 소멸하려 하며, 근원이라는 설정을 만들고 그것에 의탁하여 번뇌를 누르는 것은 이무애 즉 종교가다. 번뇌를 정화하려 하며, 번뇌는 원래 없는 여여함이라는 것을 아는 자는 각성자, 수행자이며 이는 곧 이사무애다. 번뇌와 번뇌는 오로지 쓰임일 뿐이라는 것을 아는 자는 밀법행자이며 사사무애이다.

힘들어도 눌려도 된다. 그러한 것들이 모두 쌓여 만다라화(曼陀羅華)가 된다.

성주
잘 읽었습니다. 정명을 이행해도 고요하지 않다는 말씀이 너무도 와 닿습니다. 힘들면 힘든 대로 불안하면 불안한 대로 나아가겠다는 다짐을 해 봅니다.

연화
고맙습니다!

묘관찰지의 힘으로 삼계를 조복하다

http://cafe.naver.com/vajrapadme/1935

『

캠릿브지 대학의 연결구과에 따르면, 한 단어 안에서 글자가 어떤 순서로 배되열어 있는가 하것는은 중하요지 않고, 첫째번와 마지막 글자가 올바른 위치에 있것는이 중하요다고 한다. 나머지 글들자은 완전히 엉진창망의 순서로 되어 있지을라도 당신은 아무 문없제이 이것을 읽을 수 있다. 왜하냐면 인간의 두뇌는 모든 글자를 하나 하나 읽것는이 아니라 단어 하나를 전체로 인하식기 때이문다.

』

인간의 뇌는 철자를 하나하나 인식하는 게 아니라 문장 전체로 인식하기 때문에 단어 첫 글자와 마지막 글자만 알면 뇌에서 인식한다는군요. 또한, 글뿐만 아니라 소리도 이런 식으로 인식한다고 합니다. 영어 단어는 문장으로 외우라는 말은 틀린 말이 아닌 듯하네요.

......

위의 글을 읽어 보면, 우리는 인지적 틀로 단어를 인지하는 것이지 실제의 정확한 정보를 인지하지는 않는다는 것을 알 수 있다. 인지적 무늬가 새겨진 이후에 인지적 틀에 맞는 정보만이 인식되는 것이다.

인간이 '사과'라는 단어만을 배운다면 다른 과일은 사과 비슷한 것으로밖에 인지되지 않는다.

먼저 단어가 입력되어야 인지한다는 틀, 나는 이를 인지적 무늬라 부른다. 무늬가 새겨져야 무늬에 맞는 개념이 들어온다는 것이다.

어린이는 성자의 마음을 가졌다고들 하지만 어째서 궁극적으로는 성자가 아닌 걸까?

순수함의 측면에서는 성자와 같은 마음의 상태이지만 에고에 물들 수 있는 순수함은 순수함이 아니기에 성자가 아니라는 것이다. 마찬가지로 편안함을 추구하여 산속으로 들어가는 사람들은 세속에 있는 사람들에 비해 혼란한 마음의 끝자락을 잡고 에고의 몸통을 잡아내는 과정이 없다. 그렇기에 에고적 무늬가 새겨지지도 않고 그 무늬를 알지도 못한 채 그냥 찻잔 속의 평안함만 추구하다가 세상을 뜬다.

인지적 틀이 정밀해져야 사과, 배, 감을 구분해내듯, 큰 에고 작은 에고 좀 더 미묘한 에고를 하나씩 겪고 그것을 깨는 과정에서 에고적 무늬가 정밀해지면서 미묘한 마음의 흔들림에서 자유로워진다. 수행하면서 에고가 깨어지면서 다음 에고는 정밀한 무늬로 드러나고, 정밀한 무늬로 드러나면서 좀 더 정밀하게 세상을 바라보게 된다.

관세음보살이 천 개의 눈을 가지고도 천 개의 팔로 동시에 중생을 구제하는 이유는 중생을 천 개의 눈으로 보더라도 그 상이 하나로 뒤섞이지 않고 명징하게, 선명하게 보이기 때문이다. 관세음보살의 천 개 눈은 모든 것을 각각 볼 수 있고, 또한 명징하게 볼 수 있기에 중생의 변화하는 번뇌에 변화하는 지혜로서 대응하고 구제할 수 있다.

이 능력을 묘관찰지(妙觀察智)라 한다. 중생의 번뇌에 부처의 지혜로 대처하는 힘이다. 이 능력은 앞서 말한 인지의 무늬, 에고의 무늬가 있지 않은 이상 구현되지 못한다.

분별할 수 있는 지혜이자 근원에서 파생된, 천변만화하는 파생지

(派生智)를 인지할 수 있는 것은 보살도에서 가능하다. 윤회를 법륜으로 삼아 억겁의 윤회를 통해 지혜를 구비하고 방편을 구비하는 것은 관찰할 수 있는 지혜, 묘관찰지를 닦는 것이다.

묘관찰지[5]는 밀교의 다섯 가지 초능력 중 하나이다. 아미타불은 묘관찰지를 뜻한다. 자비로서 중생을 제도하는 것은 방편이 있어야 하는데, 묘관찰지 즉 거울의 결이 촘촘하여 모든 상이 정밀하게 비추어지고 미세번뇌부터 거친 번뇌까지 모두 다 겪어 그 번뇌에 대응하는 방편을 보여야 중생 제도가 가능한 것이고, 관세음보살이 불교의 보살 중에서 방편력을 끝없이 나툴 수 있는 것은 그의 근본 능력이 '묘관찰지'이기 때문이다.

관세음보살의 머리에 있는 관에 아미타불이 모셔져 있는 것은 관세음보살의 천변만화하는 방편의 나툼이 묘관찰지에서 비롯되기 때문이다.

인지의 무늬, 에고의 무늬는 그대로 보살의 지혜로 화할 수 있다. 에고의 무늬를 깨는 것은 그만큼 지혜가 성숙함을 뜻한다.

---

3) **묘관찰지** : 사물의 모양을 잘 관찰하여 선악을 가려내고 남을 교화하여 의혹을 끊게 하는 지혜. 성소작지, 묘관찰지, 평등성지, 대원경지, 법계체성지와 같은 부처의 다섯 가지 지혜 중 하나이다. 아미타불이 묘관찰지의 부처로 이해된다. 관세음보살은 아미타불을 머리에 모시고 있고, 관세음보살은 수많은 방편의 소유자로 신앙되기에, 관세음보살은 아미타불의 행(行)을 의미하며, 묘관찰지의 활동자로 이해된다.

어떻게 관세음보살이 천 개의 눈으로 이 우주를 관찰하면서도 왜 모든 이미지가 뒤섞이지 않고 천 개의 팔을 중생에게 내밀 수 있을까? 천 개를 동시에 볼지라도 그것이 뒤범벅되지 않고 모두 명징하게 오롯이 보이는 것은 묘관찰지의 힘이 관세음보살님에게 갖춰져 있기 때문이다.

사과라는 개념만 장착되고 다른 과일들의 이름과 형태와 모습은 전혀 모른다고 할 때, 망고를 보면 노란 사과라고 할 것이고, 수박을 보면서도 큰 사과라고 할 것이다.

그러나 관세음보살님과 같은 묘관찰지의 성취자는 다른 것을 다르게 오롯이 명징하게 비춰내는 심경이 형성되어 있어 동시에 천 개의 눈으로 법계를 관하더라도 법계 삼라만상의 모든 존재가 각각의 상황에 각기 다르게 처해있음을 볼 수 있다. 아미타불은 밀교에서는 묘관찰지를 상징하며, 관세음보살님은 묘관찰지의 활동자이다.

관세음보살이 천 개의 눈과 천 개의 손을 가져서 중생의 다양한 마음에 응할 수 있는 것은 심경이 극미세하게 형성되어 있기 때문이다. 그게 그거지, 라면서 대충 윤회하지 아니했다.

그가 그러한 심경을 가지게 된 것은 산속에서 명상만을 했기 때문이 아니다. 그 심경에 새겨지는 에고 무늬를 겪기 위해 수많은 집착과 분별심을 중생계에서 현란하게 투사했기 때문이다. 그리하여 그 천 개의 눈에 비치는 이미지는 섞이지 않고, 뭉뚱그려지지 않고 잡스럽지 않으며, 천 개의 손으로 각기 다르게 집행된다.

에고에 물들 수 있는 순수함과 맑음은 완전하지 않으며, 에고를 깨고 그 에고에 해당하는 인지적 무늬가 새겨져야 그 에고에 해당하는 힘을 쓸 수 있다.

밀법행자들이 지옥연화와 천계연화를 동시에 다루면서도 지옥연화의 더러움에 오염되지 않고, 천계연화의 맑음에 중독되지 않는 것은 아주 더러우며 동시에 충분히 맑았던 적이 있었기 때문이다.

윤회는 어리석은 이에게는 고통의 수레바퀴이지만 보살에게는 법륜이다. 이는 더러움과 맑음을 비롯한 모든 체험을 자신에게 오롯이 새기느냐와 새기지 않느냐의 차이에서 비롯된다.

연화는 본래 색에 물들여져 있어 더럽혀져 있기에 오염되지 않는다. 이취백자게의 의미다.

(如蓮體本染 不爲垢所染)

묘관찰지의 만물이 또렷이 다르게 비친다는 것은 다른 의미로는 만물의 현란함에 마음이 뒤범벅되지 아니함을 뜻한다. 지옥에 있어도 이미 더러워서 타락하지 않으며 천계에 있어도 이미 깨끗해서 맑음에 집착하지 않는다.

밀법행자의 자유로움은 더러움이라는 구속에서 탈출하거나 맑음이라는 제약에서 탈출하는 것이 아니다. 더러움과 맑음으로부터 자재롭기에 삼계를 조복할 수 있는 것이다.

......

좌공부 회원에게 기운영이 중요한 것은 무의식의 대사를 통해 묘관찰지의 힘이 무의식적 깊은 곳에 오롯이 새겨지기 때문이다. 기운영을 많이 할수록 무의식이 분별하는 힘이 섬세해지기에 사무처리를 배우고 나서 기형을 잡을 때 다른 것을 다르게 인지할 수 있는 폭이 커진다. (무의식이 인지하는 것이기에 현재 의식 차원에서는 무슨 잡인지 모를 경우는 있다.)

공부가 부족하면 망고를 노란 사과, 수박을 큰 사과, 포도를 작은 사과라고 여기게 되어 사무처리를 할 때 사용할 수 있는 힘이 제한된다. 회로도 마찬가지이다. 회로를 최대한 많이 하고 끝없이 많이 하여 수만장이 될 때, 묘관찰지의 힘이 생기게 된다.

데이지
감사합니다. 꾸준히 열심히 공부해야겠습니다.

성주
더러움과 맑음에 자유자재하다는 표현이 와 닿습니다. 좋은 글 감사합니다.

원행
감사합니다. 더욱더 정진해야겠습니다.^^

코코아쨈
묘관찰지의 힘! 극히 공감합니다.

통달반야지

http://cafe.naver.com/vajrapadme/1916

보이지 않는 세계, 예컨대 소의 꼬리를 묘사할 때 눈 감고 소의 전생을 추적하고, 소의 우주적 기원을 아카식 레코드로 읽어내거나, 소의 오라장을 보고 보이는 소의 꼬리를 묘사하는 것보다 그냥 눈 뜨고 소의 꼬리를 소의 꼬리로 보는 것이 에너지가 덜 들어가고 정확하다.

영기장 그리는 사람으로서 기운이나 보이지 않는 세계, 다른 차원계 등등을 언급하기는 하지만, 실제로 나를 욕하고 공부방을 박차고 나간 사람이나, 나를 구설수에 빠지게 한 사람이나, 내게 심리적 상처를 준 사람에 대해서는 그냥 못돼먹은 사람이라고 인식하고 그 이후에는 별로 신경 안 쓴다. 굳이 전생을 추적하여 악연이 있는지, 오라장에 빙의령이 있는지, 마장이 끼었는지 보지 않는 것이다.

왜냐면 소의 전생, 소의 아카식 레코드, 소의 오라장 하물며 소가 위치한 풍수적 지리 등은 별로 의미가 없기 때문이다. 나를 짜증나게 한, 못돼먹은 사람이라고 해도 내게 반성할 거리를 주기도 했으니, 영적인 배후보다 눈에 보이는 것에서 진실을 찾는다.

과거 내가 존경하고 사랑하는 분이 공부방을 옮길 때 서울의 기운이 안 좋다거나, 지도명이 다해서라든가, 외부의 고위존재가 와서 공부방의 문을 닫을 때가 되었다는 메시지가 올 때마다 문을 닫고 새로운 출발을 했다. 그러나 문을 닫고 열고 하는 행동은 스스로 원해서 하는 게 아닌가 한다.

스스로 원해서 움직이는 것에 이유를 붙인다면 다른 차원, 섭리, 정명 등을 붙일 수 있겠으나 나는 그다지 신경 안 쓴다. 그것은 갖다붙이는 것일 뿐, 나를 움직이게 하는 것은 '이유'가 아니기 때문이다. 즉, 내가 원하는 바가 곧 이유다.

과거 공부방을 열 때 수많은 회원들을 사무처리하면서 빙의령이 수백 명이 있다는 이야기도 들었고 차크라 리딩에 일가견 있는 나의 동료는 나보고 대부분의 차크라가 위험상태라는 말을 했다. 그러나 내가 원하였기에 공부방을 열었고, 지금은 그때와는 다른 이야기를 듣는다.

눈에 보이지 않는 것보다 눈에 보이지 않는 모든 체(體, body)가 반영된 이 한 몸, 이 한마음이 진실이다. 이 한 몸이 원하는 바, 이 한 마음이 원하는 바가 진실이다.

그렇기에 카발라[6]는 거꾸로 된 생명나무[7] 를 말하는 것이다. 뿌리를 천계에 두고 가지를 지상에 둔 형태의 생명나무. 모든 세피라들이 천상에서 시원하여 물질계 말쿠트에 압축되는 것이다. 말쿠트를 통하여 모든 세피라[8]의 비밀을 알 수 있는 것이다.

내가 영기장 상담을 안 하는 이유는 자신의 현재 상태에 이미 영적인 것이 반영되었는데도 마치 자신의 특별함을 뻘밭에 숨겨져 있는 진주처럼 내가 발견해내기를 바라는 마음으로 영기장 상담을 요청하기 때문이다. 자신이 그만큼 힘들면 영기장에도 힘들어하는 상태가 반영될 뿐, 그것을 자각한다 해도 변화하지 않기에 일반인들의 영기장 상담을 진행하지 않는 것이다.

---

[6] **카발라** : 카발라(Kabbalah)는 유대 신비교의(또는 유대교 신비주의)를 말한다.

[7] **생명나무** : 창세기에서 선악과와 같이 언급되는 나무. 카발라에서는 생명나무의 형태로 하나님이 창조한 세계들을 설명하고 생명나무의 끝에 물질계를 배치한다. 카발라에서는 물질계의 인간이 생명나무를 이해할 때 신성을 회복한다고 한다.

[8] **세피라** : 카발라에서는 10개의 구를 언급하는데, 이를 세피라라고 하며 케테르, 호크마, 비마, 헤세드, 게브라, 티페레트, 네자, 호드, 예소드, 말쿠트가 그것이다. 물질계가 말쿠트이다.

보통의 사람들은 영적인 것에 특별함을 두는 의식에 있기에 눈을 감고 초능력으로 소를 소라고 부르는 것에 감동하곤 한다.

의미가 다할 때

http://cafe.naver.com/vajrapadme/1105

에고라는 것은 정보를 끌어모으기 위한 기제다. 내면의 갈증과 갈애는 보다 완숙한 진화로 가기 위한 갈고리이다. 갈애가 채워질 때 갈고리는 그 역할을 다한다.

다할 때 사라지게 되며 끊고서 그것을 다할 수 있다고 말할 수 없다. 끊었으나 다하지 못했기에 많은 성자가 다시 윤회계로 들어오고 있다.

또한 근원의 빛은 그냥 하얀빛이지만 진화의 최정점에 다다른 존재들이 가진 빛은 모든 빛이 합쳐진 흰 빛, 무지갯빛을 머금은 백색광이 된다. 그것은 씨앗이 발아하여 수많은 경험과 에너지 대사를 통해 결국 나무가 되어 다시 씨앗을 머금은 열매가 되는 것처럼, 하나에서 시작하였으나 근원을 머금은 개별이 되는 것이다.

존재의 의미를 다할 때 그다음 문이 열리며 정명은 그러한 의미이다. 자신에게 주어지는 숙명처럼 느껴지는 환경과 자신에게 부여된 DNA 하에서 나는 어떤 선택을 하고 어떻게 나아가야 하는지에 대한 고민, 그리고 선택들……. 주어진 것들의 의미를 다할 때 진화의 문이 열린다.

존재의 개별적 에고는 갈고리다. 정보를 모으고 진화를 하기 위한 기제들이다. 기제들의 의미를 다할 때 갈고리는 기능은 하지만 더는 에고라고 부를 수 없다.

주어진 것들의 의미를 다하지 않은 채 혹여나 다른 방식으로 삶을 모색해온 것은 아닐까 생각해본다. 내 삶과 내 주변 환경, 가족들과의 관계 그 모든 것을 한 방에 날려버릴 수 있는 통 큰 깨달음, 명상 속에서 함몰되어 편안함을 찾는 것, 지금 당장 일하는 것보다 시크릿에만 열중하는 것 등……. 내가 가진 성향, 내가 가진 에고, 내게 부여된 환경 등에서 그 모든 것들이 지향하는 단 한 점! 성숙의 의미를 다하지 못할 때 그것은 다하지도 않은 채 끊어내는 것이 된다.

정명은 운명이 아니며 정해진 대로만 해야 하는 것이 아니다. 정확히 말하면 내 환경과 나의 흐름이 이러할진대 그럼에도 불구하고 나는 어떻게 나아가야 하는지에 대한 답이다. 정명을 이루면 내 환경과 내게 부여된 DNA는 그 의미가 다해버린다.

나는 우리가 중독적으로 영성계에 맴돌지 않았으면 한다. 빛과 사랑과 근원과 에너지 속에서 자신의 갈고리 즉 에고는 여전히 체험을 갈구한다. 체험을 갈구하는 갈애는 그대로 있는데, 갈애를 끊자, 에고를 없애자, 에고를 정화하자고 해도 그것은 스스로 다짐하고 되뇌는 것일 뿐이다. 마음으로 마음을 다듬는 것은 한계가 있는 것이다.

무의식에서 카르마와 같은 오물이 부상하고 무의식이 스스로 필요한 것들을 에너지 대사를 통해 충당하여 갈애 자체가 원천적으로 일어나지 않는 것, 보살이 부처에게 공양할 때 손바닥에서 재보와 음식과 공양구가 쏟아져 나오는 것처럼 스스로 모든 것을 갖추어 더는 갈애가 없는 것!

거지들도 '나는 완전하다, 신의 자녀이다, 시크릿이다, 풍요 에너지다'라고 말할 수 있다. 풍요롭지 않은 마음(무의식)은 그대로인데, 풍요를 갈구하는 마음(현재의식)으로 풍요주문, 풍요문양, 풍요 에너지를 부른다고 하여 무의식이 달라질까? 풍요를 갈구하는 가난한 마음으로 풍요롭지 않은 마음(무의식)을 풍요롭게 한다는 것은 구정물을 때 묻은 자신의 몸에 끼얹는 것과 같다.

무의식이 충당될 때 풍요를 갈구하는 마음이 사그라질 것인데, 대부분은 풍요를 갈구하는 마음 자체를 에고라고 탓하거나 아니면 풍요를 갈구하는 마음(현재 의식)을 채우는 것에 만족한다.

더럽혀져 있기에 오염되지 않는다

http://cafe.naver.com/vajrapadme/1621

다할 때 사라지게 되며 끊고서 그것을 다했다 말할 수 없다.
유마경에 천녀의 이야기가 있다.

천녀가 하늘에서 내려오면서 꽃을 뿌리자 청빈함을 추구하고 화
려함은 수행자답지 않다고 생각한 소승의 스님들은 그 꽃을 털어내
려고 했으나 꽃은 오히려 떨어지지 않았다. 그러나 보살에게 닿은 꽃
은 자연스럽게 떨어졌다. 이에 천녀는 이렇게 말했다.

[마치 사람들이 두려워하면 귀물(鬼物)들이 짬을 타서 장난하
는 것과 같이, 스님네들이 생사를 두려워하시므로 빛깔, 소리,
냄새, 맛 부딪히는 것들이 짬을 타는 것이오나, 두려움이 없

는 이는 오욕(五慾)이 어찌하지 못하나이다. 마찬가지로 번뇌와 습기가 끝나지 못한 이는 꽃이 몸에 붙거니와, 번뇌와 습기가 없어진 이에게는 꽃이 붙지 못하나이다.]

번뇌를 다할 때 그것이 그대로 보살의 방편의 힘이 되고 생사에 자유로움이 되는 자량이 된다. 이미 번뇌를 지혜로 바꾼 보살에게는 화려함은 청빈함의 반대 개념도 아니고 속물적인 그 무엇도 아닌 그저 꽃에 불과한 것이었다. 그러나 소승의 스님들에게는 화려한 꽃은 수행자답지 않은 것이라는 관념이 있었고, 이를 두고 천녀가 생사에 두려움이 있다고 한 것이다.

인도의 성자들이 영기장이 안 좋은 이유는 채식 몇 시간, 명상 몇 시간, 요가수행 하루종일 등 삼매를 잃지 않기 위해 막대한 에너지를 투자하기에 그것조차도 '긴장'과 '경직'이 되어 그렇다. 잡생각이 날까 봐 번뇌가 일어날까 봐 극도의 긴장을 유지하면서 단 한 시간이라도 평안을 맛보고자 한다.

욕망이 다할 때는 욕망에 물들지 않는다. 허나 끊으려 할 때는 물든다. 이미 더럽혀지지 않았기 때문이다. 이는 대락금강불공진실삼매야경(이취경이라 불리우는 경전)의 사상을 단 백자의 글자로 압축한 것(이취백자게)에도 있는 내용이다.

"연화는 본래 색에 물들어 있어, 더럽혀져 있기 때문에 오염되지 않듯, 모든 욕망의 성질도 이와 같아서 물들지 않고 중생을 이롭게 한다."

대사(기운의 교류)의 의미도 이와 같다. 인간이 살아가면서 숨 한번 내쉬는 것도 업일진대, 왜 업을 짓지 않으려고 기를 쓰고 삼매를 유지하는 긴장을 할까. 비어있는 한순간도 아카식에 그대로 기록이 되어가는 중일진대, 존재는 대사할 수밖에 없다.

연화는 본래 색에 물들어 있어서 오염되지 않는다는 말은 대사할 수밖에 없는 존재라면 그 기운 교류의 의미를 취하면 오염되지 않는다는 의미이기도 하다. 많은 수행자가 대사(기운교류)를 피하고자 산속으로 기어들어가고, 갖은 감각의 차단법을 구사하는 것은 두려워하기 때문이다. 단 한 조각의 평안함조차 잃기 싫어하므로, 한 시간의 삼매를 위해 온 하루를 다 바치는 모습이다. 생사에 두려워하여 기껏 꽃 몇 송이에 기겁하는 소승의 스님들과 다를 바가 없는 것이다. 결국 다하지 못했기에 물들고, 끊지 못했기에 다시 오는 모습이 된다.

욕망이 일어나는 참 의미, 그것이 존재의 대사작용이라는 것을 이해하면, 순일한 기운으로서의 교류를 기운대사, 기운영, 회로 등으

로 하는 수행자들은 이미 물들어 있는 연화를 탐스럽게 피워내는 것
일 테다.

다만 물들어 있지 않은 연꽃은 꽃봉오리로도 피어있지 않은 것이
라 할 수 있다.

본성은 연습할 수 없습니다

본성은 연습할 수 없다. 우리는 신이고, 존재이고, 정명으로 설계된 존재이고, 모좌가 정명을 이행하기 위해서 설계한 존재다. 이는 본성은 차별이 없다는 무차별성에 의한 관점이기도 하다. 그러나 신으로 살지 못하고 존재로 살지 못하고 정명대로 살지 못한다. 어떤 이는 정명을 구현하기 위해 짜놓은 모좌인데, 왜 정명대로 살지 못한다고 수행해야 하느냐고 묻기도 한다.

나는 이러한 질문을 '관념적'이라고 봅니다. 실제로 수행을 하는 분 중에는 '정명대로' 살기 위해서 수행하는 사람이 없습니다. 그저 자신이 힘들고 무언가의 갈증을 느끼니 '이것이 그래도 좋다고 하니 열심히 해보자'라는 마음으로 시작하지 거창하게 난 정명대로 살 거야, 부처님 될 거야, 성불할 거야, 라는 마음으로 수행하는 사람이

몇이나 될까?

수행은 관념이 아닌 실제다. 다만 수행의 체계를 언급하기 위해 개념화하여 안내하는 것이 이론이다. 인생은 이론으로 설명할 수 없기에 정명과 모좌 개념은 정말 설명하기 어려운 것이다.

똑같은 선택지를 주고서 다른 선택을 하게 될 때 행로가 달라진다. 카르마의 해소 역시 비슷한 것이 아닌가 한다.

어떤 이는 내게 연쇄살인자에게 정명은 살인이냐고 물어보았다. 나는 정명을 구현하기 위해 설계했으나 그러하지 못하기에 수행하는 것이라 대답했다. 어떤 이가 전생에 살인의 카르마를 지게 되었다고 하면,

다음 생에 아버지의 폭행으로 점철된 어린 시절, 연인의 배신, 하는 사업마다 실패, 금전적 고통 등을 겪는다면, 그래도 누군가는 고통을 감내하며 조건 지어진 성격과 환경에도 불구하고 모좌가 설계한 질문에 살인하지 않는다는 답변 O를 적는 것이고 어떤 이는 X를 적어 다시 살인하게 된다. 정명이라는 것은 그리하도록 결정지어진 것에 우리가 그대로 따라 하기만 하면 되는 것이 아니다.

카르마가 많을수록 문제에서 고를 수 있는 답이 한정된다. 문제에 '조건'들이 많이 붙는다. '너의 외모는 사람들이 싫어할 수밖에 없고, 너의 환경은 아버지의 폭행과 부모님의 이혼과 어린 시절의 학대, 소

매치기 전과로 인해 취업은 안 되고 연인으로 배신당했고, 최근에 너의 동창이 조직폭력배 일로 돈을 많이 번다고 하는데, 너도 조직폭력배 일 할래?' 이런 문제는 어렵다. 답이 한 가지인 경우도 있고 두 가지인 경우도 있다.

인간의 마음은 조건 지어진 것이라고 했다. 영사기, 필름, 스크린, 받침대 등 수많은 영적 조건들에 의해 구조화되고 작동된 것이 스크린에 뜬 마음이며, 인간의 자아와 환경과 마음의 흐름 역시 조건들의 집합이라는 것이다. 조건이 부가된 질문에 우리는 선택을 하고 그 선택이 인생을 결정하고 카르마의 흐름을 결정한다.

정명을 이루는 이들은 자신에게 부여된 조건들을 실현한 이들이라는 의미 이외에(유명 연예인에게 '너는 이런저런 재능이 있고 목소리와 외모도 좋은데, 연예인 할래?'라는 명이 부여된 경우 그 사람은 연예인만 하면 되는 정명이 있기는 하다), '자신에게 부여된 제한적인 조건들에도 불구하고 다른 선택을 할 수 있는가'라는 의미가 있다. 학대를 받은 소년이 그럼에도 불구하고 자선사업가가 되는 것이 그러한 경우다.

모좌는 어떤 것이 영적 진화를 이루는 가장 빠른 길인지 이미 알고 있다. 그래서 카르마의 제약을 받으면서 조건들의 연속체를 설계한다. 어둠에 속한 자들에게는 어둠에 빠질 수밖에 없는 조건들을 설계하고 그래도 빛이 조금이라도 있다면 다른 선택을 할 수 있게 하면서 말이다. 그 사람이 바른 선택을 한다면(정명을 선택할 때) 그 사람의 영성은 비약적으로 도약한다.

매듭을 꼬고 그것을 푸는 것은 현재의 나다. 정명대로 살게 부여했으나 그렇게 실현하는 것은 자신의 몫이다.

공부방에 오는 사람들은 정명을 알고 싶어서 혹은 정명대로 살기 위해서 공부한다고 말하곤 한다. 정명은 본인이 열어가는 것이고, 그리고 선택에 따른 책임과 열매는 본인이 받는 것이다. 나는 정명을 알려줄 수도 없고 그런 위치에 있지도 않다.

다만 수행에서 얻어지는 공력이라는 것은 이런저런 조건에도 불구하고 앞으로 나아가는 선택을 하게 하는 것이라 본다.

공력은 심력(心力)이 아닌가 한다. 이것이 내 흐름이었다고 당당히 말할 수 있는, 선택에 떳떳하다는 자신감이다.

조건을 제약하는 카르마도 에너지이기 때문에, 수행으로 카르마를 단순화시키기도 하고 회로로 설계를 재설계하면서 정리정돈 하게 된다.

이 좌공부 자체가 정명을 강조하는 것은 이 우주는 흐름이 '구현'된 세계, 즉 짜인 세계, 다시 말해 코스모스(질서)이고 이 질서에서 우리는 정명좌로 우주의 운행에 동참하는 것이기 때문이다. 다른 공부 체계에서는 쿤달리니 각성, 명상 중 빛과의 합일, 초월의식을 성취하는 것을 강조하지만, 이 공부는 코스모스의 일원으로서 정명 그리고 정명을 설계한 영적으로 나를 키워주는 어머니의 자리인 모좌로 사는 것을 강조한다.

본성은 연습할 수 없다. 내가 동작을 해도 회로를 해도 명상을 해도 본성은 달라지지 않고 진아도 참나도 다 그대로다.

그러나 이 우주는 진아, 참나. 본성을 모두 다 차별로서 드러내기에 이미 길을 건넌 성자들이 진아, 참나, 본성은 연습할 수 없는 그 어떤 진실 된 것이라 말한다고 해서, 우리는 카르마도 조건도 걸리적거리는 것이 전혀 없다고 말할 수 없다. 이미 마음을 이루는 것 자체가 에너지의 구조, 조건 속에서 구현된 존재들이기 때문이다.

누군가 내게 사무처리, 사무처리 종이, 동작, 회로 등에 회의를 느꼈다고 했다. 좌공부의 테크니컬한 면 자체가 본인이 추구하는 것과 다르다고 했다. 그 말을 듣고서 '본성은 연습할 수 없다'는 명제가 떠올랐다.

본성의 입장에서 보면 카르마도, 에너지의 설계도, 그리고 나의 조건들도 신의 뜻이니 사무처리, 사무처리 종이, 동작, 회로, 기운영 이런 것들 전부 쓸모없는 것이다. 그러나 실제로 굴러가는 것은 카르마와 조건에 의해 굴러가니 다를 수밖에 없다. 그래서 수행을 하는 것이기도 하다.

이 공부는 마음으로 마음을 닦아가는 것이 아니다. 조건 지어진 자아에서 자아를 어떻게 다듬겠다는 식의 수행이 아니다. 무의식에서 부상한 흐름이 나를 제도하는 것이다. 이 과정에서 거슬리는, 잡스러운 것 제거와 정화를 하고 처리자가 수행자에게 사무처리 종이를 줘서 모좌로 가게 도움을 준다. 정명의 흐름, 모좌의 흐름대로……

류
잘 읽었습니다. 딱히 뭐라 표현하기 어렵지만 깊이 공감되는 느낌입니다. ^^

크리슈나
인생의 답은 뭐다, 그리고 어떻게 살아야 한다, 이러한 질문들에는 참으로 답이 정해져 있지 않은 것 같습니다. 왜냐하면, 그것은 정해져 있는 것이 아니라 자신이 만들어가고 선택해나가는 것이기 때문입니다. 태어날 당시의 틀은 스스로 선택한 것이지만 그 틀 속에서 어떻게 살아갈 것이냐 하는 문제 역시도 자기 '선택'의 문제인 것 같습니다. 해야 한다, 할 필요가 없다, 이런 의무의 개념이 아니라…….

알프스소년
여러 번 곱씹어보며 읽고 있습니다. ^^ 좋은 글 감사합니다.

지옥연화에서 천계연화까지

공의 경지, 즉 있는 것도 같고 없는 것도 같은 것, 스스로 없어지는 체험을 하게 되면 그것을 공성체험이라 여기고 깨달음의 한 맛을 본 것처럼 말하는 사람들이 있습니다. 그러나 공은 실제로는 없어지는 체험이 아닙니다. 이러한 공에 대한 잘못된 견해들이 이 세상을 열심히 살아가게 하는 것에 방해됩니다. 오히려 세상이 내게 던져주는 경계를 통해 공성을 체득할 수 있습니다.

인간의 오욕과 모든 심리적 작용들은 그 움직임이 공에 기반을 두어 움직이고 있습니다. 이 장에서는 공에 대한 잘못된 견해를 타파함으로써 살아 있음이 곧 존재이며, 존재함이 곧 존재 이유임을 증명합니다. 존재 이유에 깨달음이니 빛이니 공성을 덧붙이지 않고, 그대로 존재 이유가 곧 존재 그 자체임을 드러내는 것입니다.

강물은 이름을 가진 흐름

양산 가기 전 대구에서 회로공부에 대해 두 명과 이야기를 나눴는데, 한 사람은 삼각형은 멀리서 보면 삼각형이지만, 가까이에서 보면 점으로 보이듯 사물은 저마다 각기 다른 스펙트럼으로 보이며, 저 세상과 이 세상은 섞일 수 없다는 관점을 갖고 있었다. 이 관점에서는 빙의 치료는 무의미하다고 했다.

실제를 무시한 발언이라고 본다. 그런 발언을 바탕으로 생각하면 관점에 따라서 저마다 대통령도 되고 재벌 회장님도 된다. 마음먹기에 따라 다르기 때문이다. 그렇지만 실제로 굴러가는 것은 백수인 나, 지질한 나다. 생각으로는 우주신도 되고 시크릿 창조하는 부자도 되지만, 결국 이미 짜인 세계, 질서의 세계 속에서 굴러가는 것이다.

다른 한 사람은 회로 공부는 운영체 공부이기에 힘만 추구하고 마음공부가 안 되는 공부라고 했다. 그는 내 상황을 보면서 수행이 제대로 되면 현실에 제대로 몰입하고 열심히 산다고 말했다. 그러나 무동은 최근 거의 세 겹 벌이(Three jobs) 수준이다. 바쁜 가정사 속에 있다. 그는 본인이 말한 것과는 다르게 정작 일을 못 하고 있다.

무동금강은 영기장상에 이미 운영체를 발밑에 위치시키고 의식이나 마음조차도 영기장으로 표현하고 있다. 알파고의 영기장에서도 보듯, 운영체만 감지해내면 무생물의 영기장을 그릴 수 없다. 마음조차도 그리고 의식조차도 좌공부의 스펙트럼으로 들어와 있기에 무동금강은 좌공부가 마음의 궁극적 변화를 일으킬 수 있다고 확신한다.

대구에서 만난 두 사람의 관점은 영성계에서 좌공부를 보는 다수의 관점입니다.

마음은 공이고, 흐름이고, 규정될 수 없다고만 보면 낙동강의 썩은 물을 우리는 정화할 수 없다. 왜냐하면 낙동강은 오염된 것이나 공성으로 이해하면, 깨끗한 물도 동일한 공성이기에 더러움도 없고 깨끗함도 없는 그러한 절대적 청정함이기에 낙동강을 정화한다는 것은 의미가 없는 것이다.

첫 번째 견해에서는 이리 봐도 저리 봐도 다 각각의 스펙트럼을 갖고 있으니 빙의 걸린 사람도 나름의 세상의 한 부분이니 치료받을 필요도 없고 그냥 살던 대로 살면 된다고 하는 것이다. 낙동강의 더러운 물도 나름대로 의미가 있으니 정화할 필요도 없고 똥물 그냥 마시면 된다는 것이다.

마음의 적멸함을 증득하면 카르마도 없으니 카르마 따지다가 일생 허비하지 말고 본성에 집중해야 한다고 하며, 마음먹기에 따라 세상이 달리 보인다는 말을 한다.

공성, 아니 공을 언급하는 사람들은(공은 사실 숫자 0과도 같습니다. 숫자 0은 없음을 0이라고 개념화시킨 것입니다. 따라서 공은 공성이라고 바꿔 말해야 하며 공성과 공을 구분해야 합니다) 현실 생활을 잘 못 한다.

생각으로는 창조주가 되고 재벌도 되고 풍요 에너지를 부른다고 하지만 실제로는 아니다. 인간이 유한을 감지하지 못하는 것일 뿐, 우주에는 무한은 없다. 물고기에게 강물은 그것 자체가 우주이겠지만, 인공위성에서 보는 강물은 이름을 가진 하나의 물줄기에 불과한 것과 마찬가지다. 공력 수준에 따라 무형을 유형화하여 보는 영역이 다른 것이다.

마음은 형체가 없고 그 변화양상이 끝없이 펼쳐진다. 그러나 목욕탕에서 때를 벗길 때 때밀이가 손님의 몸을 틀고 그 부분의 때를 벗겨내듯이, 마음을 유형화한 다음 처리하는 것도 가능하다. 사람의 몸을 트는 것은 힘으로 하지만 마음을 유형화하여 처리하는 것은 무형이 유형화된 공력이 누적된 좌공부인들만이 가능한 것이다.

실질이 없는 공-마음 담론은 망상이며 이는 실제로 벌어지는 영적 문제들을 오로지 마음, 본성, 일체유심조로 치환하는 것일 뿐이다. 의식적 깊이가 담보되지 않고 실제적 현상만 추구하면 중생구제의 방편이 자신의 욕망을 실현하기 위한 주술로 격하된다. 이는 주술가, 퇴마사들의 한계다. 허망한 공담 속에서 일생을 보낼 수도 있고, 욕망 속에 허우적대면서 오늘도 신통한 무당집, 신통한 주술적 물품, 신통한 에너지 기물에 집착할 것이다.

般若理趣經 百字偈 반야이취경 백자게

http://cafe.naver.com/vajrapadme/1416

菩薩勝慧者 乃至盡生死

보살승혜자 내지진생사

보살의 수승한 지혜를 지닌 자는, 윤회의 생사가 다할 때까지

恒作衆生利 而不趣涅槃

항작중생리 이불취열반

항상 중생의 이익을 지어내며, 그러고도 열반에 들지 않는다.

般若及方便 智度悉加持

반야급방편 지도실가지

반야와 방편과 깨달은 모든 것들을 지니고 있으면

諸法及諸有 一切皆淸淨

제법급제유 일체개청정

제법과 제유 모든 만물은 일체 모두 청정하며

欲等調世間 令得淨除故

욕등조세간 영득정제고

욕망의 본래의 힘으로 세간을 다루어, 죄악을 면하여 청정히 하
는 것을 얻기 때문에

有情及惡趣 調伏盡諸有

유정급악취 조복진제유

천계에서 지옥까지 모든 존재를 조복시킨다.

如蓮體本染 不爲垢所染

여련체본염 불위구소염

연화는 본래 색에 물들어 있어서, 더럽혀졌기 때문에 오염되지 않
듯이

諸欲性亦然 不染利群生

제욕성역연 불염리군생

모든 욕망의 성질도 또한 그러하여, 물들지 않고 중생을 이롭게

하고

大欲得淸淨 大安樂富饒

대욕득청정 대안락부요

커다란 욕망이 청정함을 얻어 크게 안락하고 풍요로운 것이며

三界得自在 能作堅固利

삼계득자재 능작견고리

삼계는 자유 자재함을 얻어서 능히 견고한 이익을 만든다.

지옥연화에서 천계연화까지

http://cafe.naver.com/vajrapadme/1723

타락한 영성인, 수행인의 경우 수행력이 부족한 것인지 물어보는 사람이 있었다. 나는 꼭 그렇지 않다고 대답했다.

좌공부 같은 경우 오래 수행하면 욕망이 떨어지는 현상이 있다. 내 경우 초조, 불안, 갈망이 수행하면서 현격히 떨어졌다. 20대에는 20대의 불안함, 30대에는 30대의 분주함이 있었고, 지금도 내 나이에 맞는 정도의 평범한 에고와 갈애는 있다.

인간적 체험으로 다듬어지는 인격과 수행력은 약간 다른 이야기다. 다만 영성계의 지도자들, 수행계의 고강한 공력을 지닌 이들이 타락하는 이유는 수행이 부족해서가 아니라 그들이 '초월'로 지향하기 때문이다. 이 경우 근본적으로 타락할 가능성이 있다.

인도의 성자들은 에너지에 눈이 취해 있다. 단 한 시간 혹은 세

시간의 무아체험을 위해, 소식과 절식과 헐거운 옷과 요가 수행을 한다. 번잡한 세속과 담 쌓고 에너지의 상태에 집착해 한 경지에 오래 머물고자 하는 삼매 중독자들이다. 이들은 지금의 나, 불안하고 헛되다고 여겨지는 망상의 결집체, 오욕이 있는 나를 떠나 무념무상의 지고의 존재가 되고자 한다. 이를 '초월'이라 한다. 삼매 중독자들을 내가 일하는 전쟁터 같은 직장에 던져놓으면 고강한 공력은 한시간에 흩어질 것이다.

많은 영성 지도자들, 수행자들이 타락하는 것은 나 아닌 초월로 도약하고자 하기 때문이다. 나 스스로 되는 것이 아니라, 나를 버리고 알지도 못하고 알 수도 없는 개념 불분명의 '초월'로 수직으로 상승하는 것. 그렇기에 그들은 지옥에 가 중생제도를 할 수 없으며, 오로지 1급수에 사는 열목어처럼 고파동에 머물 수밖에 없다. 그들에게 욕망은 타락이며 추락이다.

그러나 연화는 이미 물들었기에 오염되지 않는다. 이미 보살은 자신에게 부처의 오욕과 중생의 오욕이 동시에 있음을 알기에, 탐심에 물들어 있어서 오히려 탐심으로부터 자유롭다. 이는 연꽃이 이미 색에 물들어 있어서 더럽혀지지 않음과 같다. 지옥연화와 천계연화를 동시에 쓰는 것은 보살만이 가능하다. 삼매는 고요함과 평안함에 상주하지 않는다는 것은 반야지를 증득한 이만 알 수 있는 경계다. 내가 타락할 수 없는 것은 이미 나는 에고적인 존재임을 알기 때문이다. 애초에 물들어 있는 연화이기에 더럽혀지지 않음이다.

성주
지난번에 이취백자계를 보았을 때는 잘 이해가 되지 않았는데 이번에 본문의 글을 지침으로 삼아 다시 읽어보니 그 의미가 깊이 와 닿습니다.

알프스
무동금강님의 글을 눈으로 마음으로 느껴봅니다. 지옥연화와 천계연화를 동시에 쓸 수 있다는 건 대단히 깊고 내밀한 심력이자 공력일 것 같습니다.

극희삼매야(極喜三昧耶)-쓰임의 심법

http://cafe.naver.com/vajrapadme/1927

인도인들은 '있지 않음'을 0으로 표현했고, 이 0을 공(空)이라 하여 '순야'라고도 한다.

수학계에서 0의 발견은 큰 업적이다. 있을 수 없는 것을 개념화하여 0이라는 숫자로 표현했기 때문이다. 그런데 수행계에서는 이것을 삼매의 경지로 이해하여 '있는 것도 아니고, 없는 것도 아닌', 이것도 저것도 아닌 미묘한 경계를 공의 경지라고 말하기도 한다. 무아라는 것, 공한 성품, 깨달음 등등을 마치 '얻어지는 것', '증득하는 것', '알아지는 것' 등으로 이해해버린다. 마치 없음 자체를 실체화한 숫자 0처럼 말이다.

수행계에서는 그러한 경계를 얻었다고 하여 공을 얻었다고 한다.

공은 그렇게 얻어지는 것일까? 만약 얻어지는 것이라면, 그것을 유지하려 하면 유지될까?

비록 허공을 볼 수 없지만, 허공을 채운 사물이 있기에 허공을 허공이라 부르며, 태풍의 눈을 볼 수 없지만, 태풍의 회오리침을 보고서 태풍의 눈을 태풍의 눈이라 부르는 것이다.[9] 만약 허공이 허공이라 인지되면, 만약 태풍의 눈이 태풍의 눈으로 인지되면 그것은 인과법에 어긋난 것이 된다.

왜냐하면, 공은 만물의 연기[10]가 되어 독자성이 없는 무자성의 공성이기 때문이다. 마찬가지로 태풍의 눈도 태풍의 눈으로 있는 것이 아니라 태풍의 회오리침 그 가운데가 비어있는 것이며, 허공 역시 허공으로 있는 게 아니라 사물의 주변을 통해 비어있는 것이다. 공이라는 혹은 근원이라는 것을 독자적으로 말하지 않는다.

그래서 열매(用)를 통해 뿌리가 드러나며[11], 사물과 사물의 걸림이 없음을 통해 드러나며[12], 욕망을 통해 천계부터 지옥까지 모든 존재를 조복할 수 있는 금강의 힘을 갖게 되며[13], 보이는 것만으로도 보이지 않는 것 전부와 보이는 것 전부를 알 수 있다.[14]

즉 밀법은 사(事)의 심법이자, 용(用)의 심법이다. 열매를 통해 씨앗까지도 알 수 있고, 지렁이부터 지고한 존재까지도 욕망이 있기에 그 욕망을 통해 이 우주를 조복받을 수 있는 금강심을 얻을 수 있으며, 보이는 것을 통해 보이지 않는 그 모든 것을 알 수 있다.

다른 말로 하면 금강계[15] 37존과 태장계[16] 414존은 대일여래의 용(用)으로서 나투어진 것이고, 이는 다르마다투, 즉 법계(法界)로서 이 우주를 운행한다. 우주를 운행할 때 각자의 자리(座)로 운행하여 만다라의 일원으로 움직이는 것, 그것은 좌의 명(座의 命이자 座의 名)이기도 하다.

많은 이들이 근원과 깨달음과 공을 찾으려 한다. 이미 없는 것을 찾아서 열심히 성취하려고 하는 것이다. 숫자 0은 셀 수 없는데도 말이다. 깨달음을 얻으려고 하거나 공을 성취하려고 하니 많이 어긋날 수밖에 없다.

---

9) 같은 책, 〈무한을 머금은 유〉, http://cafe.naver.com/vajrapadme/1788

10) 연기법 : 석가모니의 교설 중 핵심은 연기법이다. 연기법은 모든 것이 서로 인연되어 있어 특정한 원인 하나만 지목하여 절대의 1원인으로 말할 수 없음을 뜻한다. 만물이 서로 연기되어 있기에 고정됨이 없고 이 고정됨이 없음으로 인해 만물이 비어있다는 결론으로 공사상이 출현한다.

11) 같은 책, 〈옴아훔의 경계〉, http://cafe.naver.com/vajrapadme/9

12) 같은 책, 〈사사무애의 경지〉, http://cafe.naver.com/vajrapadme/1357

13) 같은 책, 〈지옥연화에서 천계연화까지〉, http://cafe.naver.com/vajrapadme/1723

14) 같은 책, 〈통달반야지〉, http://cafe.naver.com/vajrapadme/1916

15) 금강계 : 중생들의 마음의 모든 번뇌들이 수행을 통해 금강의 성품으로 바뀌어질 수 있다는 것을 보여준다. 태장계 만다라가 우주의 현실이 곧 대일여래의 펼쳐짐임을 보여준다면 금강계 만다라는 수행을 통해 존재가 금강계 만다라의 한 존격이 될 수 있음을 보여준다.

16) 태장계 : 어머니 태내에서 아기가 자라는 것처럼, 부처님 품 안에서 중생이 산다는 뜻에서 생긴 이름. 우주가 펼쳐진 우주가 대일여래의 화신이라는 것을 보여준다.

그래서 나는 깨달음과 초월과 초탈과 절대공을 강조하지 않는다. 왜냐면 초탈은 추락하며 초월은 돌아갈 수 있으며, 공이라고 여기는 경계가 깨어지면 흩어지기 때문이다.

살이 원래 없는 사람이 운동 안 하면서 그 몸무게를 유지하는 것보다 살이 찐 사람이 운동하여 살을 빼면 앞에서 말한 마른 사람보다 건강한 것처럼, 수행자는 자신의 마음 안의 '번뇌'와 '욕망'을 마음의 만다라 안에서 회로로 정리하고 격을 올려놓으면 된다. 비록 번뇌가 많고 산란한 상념들에 괴롭더라도 자신의 마음 한 조각 한 오라기도 모두 다 불보살의 만다라로 올려놓으면 번뇌 하나하나가 만다라를 장엄하게 된다. 회로도 마음의 심주(心主, 心柱)인 자성대일여래가 펼쳐낸 사(事)의 심법이자, 용(用)의 심법의 결과이다.

내 마음은 곧 우주이며 이는 곧 폭풍우, 질서없는 난장판, 욕망으로 뒤범벅된 지옥일 수도 있다. 그래서 어떤 이들은 욕망을 정리하고 빼고, 없애고 에고를 순화하고 없애고 정리함에 온 힘을 바친다. 그러나 윤회 한 번에 욕망을 가진 중생으로 태어나 자신의 모든 공력이 사라지는 비운을 맞게 된다. 그러나 어떤 이에게는 욕망과 번뇌와 에고가 회로를 통해 펼쳐낸 만다라처럼 질서 있고 조화로운 법계일 수도 있는 것이다.

욕망과 에고와 번뇌가 만다라에 각각 위치한 나찰, 아귀, 천신들처럼 이미 자기 역할을 하는 아름다운 법계의 일부인 것이다.

성주

태풍의 눈을 찾으려 하나 찾을 수 없는 것처럼, 깨달음 또한 구한다고 얻는 것이 아닌가 봅니다. 태풍의 회오리를 통해 태풍의 눈이 특정되듯이 인간의 에고와 욕망을 통해서 불보살님들의 원력이 드러나는 것 같습니다.

본문에서 인용된 글들을 각각 읽었을 때와 이번처럼 한 줄에 꿰어서 읽을 때의 느낌이 또 다르네요. 좋은 글 올려주셔서 감사합니다.

황금꽃

"수행자는 자신의 마음 안의 '번뇌'와 '욕망'을 마음의 만다라 안에서 회로로 정리하고 격을 올려놓으면 된다." 오늘은 이 말씀이 유독 제 마음에 깊이 다가옵니다.

항상 감사드립니다 선생님. ^^

공성에 대한 세 가지 문구

http://cafe.naver.com/vajrapadme/2413

공성에서 나온 모든 것은 공성이다. 작위가 일어나는 그 배경. 작위가 일어나는 그 침묵, 그 침묵이 곧 공성이다. 허공이 허공인 것은 물건들이 공간을 점하기 때문이다. 그렇기에 그의 반대 개념으로서의 허공을 알 수 있다.

이를 역으로 환산하면, 개별은 공성을 머금은 개별이다. 소리는 조용히 있음, 고요함을 배경으로 소리로 창출된다. 형상이 형상일 수 있는 것은 허공이 있기 때문이다.[17] 공성은 선사들이 내지르는

---

[17] 이와 비슷한 논조의 글들은 다음과 같다.
〈에고에 대해〉 http://cafe.naver.com/vajrapadme/2150,
〈묘관찰지의 힘으로 삼계를 조복하다〉 http://cafe.naver.com/vajrapadme/1935,
〈원만한 의식, 원만무애한 복덕의 의식〉 http://cafe.naver.com/vajrapadme/1206

'할!'이라는 소리도 아니고, 스케일이 큰 법거량에 있는 것도 아니다.

우리가 아는 보리심은 그 자체로 완성된 것은 아니다. 성품은 고정되어 있지 않기에 흔히 거울로 비유되곤 하지만, 작은 손거울은 작은 형상을 비추고, 큰 거울은 호수를 비추기도 한다. 그처럼 보리심은 통달하고 또 증장되려고 한다.

통달보리심 그리고 증광보리심.

태풍의 눈으로 비유되는 공성, 그리고 만물이 현현하는 태풍의 회오리침. 이 회오리침이 커져야 태풍의 눈이 거대해지듯, 공성의 자리, 대일여래는 만물로서 자신을 증명하고 증명하여 자신을 늘려간다. 이는 모든 인간이 가진 심주(心主)이자 심왕(心王)에서 끝없는 만다라를 유출하는 것과 같다. 이는 곧 우주의 창조와 내면의 심주가 발생시키는 회로의 발생 이유가 동일한 것이다.

개별이 커지면 머금은 공성이 커지고, 소리가 커지면 그 배경인 고요함이 더욱더 깊어졌다는 의미이며, 형상이 커지면 형상을 담은 그 공간이 더욱더 커졌다는 의미이다.

따라서 나의 욕망을 통해 삼계의 저 밑바닥의 지옥연화부터 가장 높은 천계연화까지 통달하며 근원과 깨달음을 찾지 않고 오로지 번뇌만이 깨달음의 증거라는 사사무애의 경지가 가능하며, 성취하고자 하는 에고가 실은 불보살들의 중생제도의 의지와 동일함을 알게 되며, 이미 자란 나무에서 씨앗을 찾는 게 아니라 나무가 성숙하여 열매 맺는 그 안에서 씨앗을 찾게 된다.

문비

"개별이 커지면 머금은 공성이 커지고"라는 것은, '공성은 변함없는데 개별이 인식하는 공성에 대한 이해가 깊어진다'라고 이해하면 될까요? 아니면 다른 뜻이 있는 건가요?

무동금강

태풍의 회오리가 커지면 눈이 커집니다. 빛이 밝아짐은 빛을 뿌리는 불빛이 커지는 것이며 소리가 커지는 것은 그 고요함이 갈수록 적막해지는 것입니다. 여기서 태풍의 눈인 '허공'과 '적막'과 '불빛'은 달라지지 않습니다. 불변하는 것이죠. 허공이 커진다고 함은 사실 손에 잡을 수 없는 작은 허공이 큰 허공으로 변한다는 것이지만 실은 그것은 허공을 채우는 혹은 경계 짓는 그 무언가의 크기로 큰 허공과 작은 허공을 구분할 수 있습니다.

적막함이 갈수록 적막해진다고 함은 적막함, 소리 없는 그 고요함은 항상 현존하는 것이나 그 적막함을 알 수 있는 것은 적막함을 깨는 소리 덕분입니다. 또 그 반대도 마찬가지입니다.

공성은 불변하나 펼쳐지는 그 경계를 머금고 있기에 공성이 커진다고 말한 것입니다.

우주가 끝없이 확장되며 수많은 것을 계속해서 창조하고 있는 역동적 과정에 있다는 것은, 그리고 마음이 끝없이 움직이며 수많은 마음을 파생하고 있다는 것은, 결국 불변하는 그 무언가가 동시에 커지고 있다는 것입니다.

그리하여 밀교에서는 법계를 법신여래인 대일여래가 자신의 마음을 증명하는 자내증이라는 표현을 합니다. 불교 일반에서는 자내증을 자기의 마음을 깨닫는 것이라고 표현하나 저는 자신의 마음을 증명하여 드러냄이라고 문자 그대로 이해합니다.

무동금강

이 글 자체는 공병 환자들, 예컨대 개아는 에고이니 쳐부숴야 하며, 에고는 끝까지 정화해서 정체 모를 진아를 드러내자는 주장을 하는 사람들에게 유용한 글이랍니다. 감사합니다.

문비

잘 모르겠지만 에고에 대한 비틀린 관념이 있는 것 같습니다. 깨려고 해도 막막하네요. 제 고정관념을 되돌아보겠습니다. 여러 가지로 가르침 감사합니다. 이렇게 깨지면서 가겠습니다.

무동금강

개아 자체를 거의 에고로 여기는 게 일반적 수행풍토, 영성계 일반의 인식인 것 같습니다. 이러한 인식은 공에 대한 환상과 결부되어 있지요. 공은 고통이 없음, 모든 고통의 뿌리인 자아를 초탈한 자리, 깨달음 등으로 이해하니 공을 향해 달려가는 게 중생의 마음이나, 그 공이라는 게 사실 실체가 없습니다. 무엇을 보고 가는지 모르고, 자신의 상상 혹은 타인이 쓴 책을 기반으로 공이라는 게 막연히 이럴 것이라는 불분명한 가정하에 자신을 부정하는 것에서부터 수행을 시작합니다.

그래서 〈나는 체험하는 존재일 뿐이다〉라는 글에서 다음과 같이 말했습니다. "무언가 있을 것이라고 여기는 욕망을 지닌 채로 태풍의 눈으로 돌진하면 아무것도 없음에 절망할 것이고 광휘가 있을 것이라고 여겨 광휘에 대한 열망에 사로잡혀 불빛으로 들어가면 열망에 타 죽을 것이다. 그 욕망과 열정과 노력으로 '없음'에 도전하는 이들이 수행자들이다."

심주와 심왕 이야기

1. 어떤 이가 우유를 샀습니다.

그 우유가 발효되면서 버터가 되었는데, 우유를 산 이는 산 곳으로 찾아가 나는 우유를 샀지 버터를 사지 않았다고 합니다.

2. 촛불이 타고 있습니다.

촛불은 방금 전 타고 있는 불이 지금 보고 있는 불일까요?

존재의 연속성과 동일성에 대한 철학적 질문입니다. 이러한 논의는 2천 년 이전에 불교학자들 사이에서 논의가 되어 왔습니다. 스케치북의 여백… 모든 것을 가능하게 만드는 생명장을 여래장이라 합니다. 그 스케치북에 그려진 것은 그림은 존재입니다.

촛불 비유로 돌아가면 눈에 잘 띄지 않는 보이지 않는 심지는 그대로인데, 불빛은 계속 변하고 있고 그것이 존재입니다.

스케치북의 여백과 촛불의 심지와 변화하는 우유지만 우유로서의 기본성질 등등은 본성이라는 것으로 이해됩니다. 여기서 많은 이들은 화나는 나, 분노하는 나, 성욕을 일으키는 나 등은 에고이며, 참 나는 명상을 통해 만날 수 있다고 여깁니다.

불빛은 일어난 현상이고, 일어난 현상만 보이는데, 심지를 알 수 있을까요?
스케치북에 그려진 그림이 배경이 되는 여백을 알 수 있을까요?
우유 – 발효유 – 버터로 이어지는 변화 속에 변해지지 않는 우유(기본물성物性)라는 자체를 알 수 있을까요?

참 나라고 여기는 일반인들의 관념은 '좋다고' 여기는 편안한 상태를 특정해서 말할 뿐이지, 실은 여백, 심지, 기본물성 등은 알 수 없습니다. 이 알 수 없음은 오로지 현상으로 드러날 뿐입니다.

만다라의 중앙부 대일여래는 그 공덕을 414존의 태장계 금강 보살과 1416존 금강계 금강 보살로 유출되어 실은 대일여래는 잡을 수도 인지할 수도 없습니다.

빛은 어떠한 색도 없지만, 그 색에 비추어진 사물은 그 사물의 본연의 색을 비추듯, 참 나나 본성이나 진아는 관념이지 드러난 현실을 통해 그것을 알 수 있습니다.

무지한 이들은 이 또한 '빛'이라는 관념으로 치환하고, '여백'이라는 관념으로 치환하게 됩니다.

대일여래에게서 모든 법이 유출되었기에 법계가 이루어지고 모든 존재가 대일여래의 부분의 공덕을 증명하는 것입니다. 스스로 증명하기 위해 자신의 경계를 펼쳐내었다…. 라는 것이 법신자내증의 의미입니다. 곧 경계가 즉 불보살입니다.

열매 안에 씨앗이 있듯이요.
마음 역시 똑같습니다.

심주이자 심왕이 스스로를 증명하기 위해 자신의 경계를 펼쳐낸 것이 인간의 삶입니다. 그 경계 하나하나가 대일여래의 증험이자 대일여래 자신이 있음을 알게 하는 것입니다.

이는 곧 개별의 자신을 통해 자신을 증명함은 곧 대일여래를 증명하는 일이 됩니다.

그리하여 심주이자 심왕은 곧 현상의 나이며, 또한 내가 인지 못하는 나를 이끌어주는 힘, 나를 존재케 하는 배경(촛불의 심지나 스케치북의 여백)이기도 합니다.

많은 이들이 심왕이자 심주인 본성을 찾아 헤매입니다. 그러나 씨앗은 이미 발아되어 없고 자신이 이미 발아된 존재일 뿐입니다.

그리하여 본성과 일치되는 삶, 본성을 따르는 삶을 찾으나, 좋은 것은 본성이고 차원 높은 것은 본성이고 괴롭지 않은 것은 본성이라는 관점에서 시작된 것일 뿐입니다.

스스로를 바꾸지 못함에 괴로워하지 마시길….

이미 하나인 것인데… 만족하지 못할 뿐입니다.

......

그려진 나(스케치북의 그림), 타고 있는 불빛(촛불의 불빛)의 나는 본성과 만날 수 없습니다.

이미 본성이기에.

스케치북에 그림이 완성될 때, 촛불의 심지가 다 달 때….

보다 큰 스케치북이 주어지며, 보다 긴 촛불의 심지가 다시 주어집니다.

중생은 보살이 되고 보살은 여래가 됩니다.

떫은 감이 익으면 떫지만, 맛이 달은 감이 되듯

중생이 변하면 불보살이 되어갑니다.

중생의 마음 모두를 전부 다 뽑아서 만다라로 바꾸어나가십시오….

심왕이 스스로를 펼쳐내지 못할 때 마음이 불안합니다.

그 불안함에 수행이라는 것을 하게 되나 자신을 증명하는 것은 삶일진대, 삶과 유리된 수행을 하게 되니 불안함에 방바닥을 긁는 고통 속에서 오늘도 진아 찾아 삼만리를 하게 됩니다.

심왕이자 심주가 스스로를 드러냄이 곧 회로이며 회로를 많이 하게 되면 특유의 묵직함이 생기는데… 이는 곧 심왕이 배부르게 먹고 배를 두드림과 같으며, 심주가 바로 서서 흔들리지 않음을 뜻합니다.

코코아쨈
결국, 그가 내가 나툰 것, 있으나 없기도 한
변하나 변한다고 없는 것이 아닌 생명의 홀로그램
아름답게도 느껴지는 그 다양함 ㅎㅎ
번뇌즉보리
스케치북 설명 탁월합니다! ㅎㅎ
알기 쉬운 전달, 흡입력 선생님으로도 큰 능력이 있으신 듯 _()_

다름을 다르게 인식할 수 있는 능력-묘관찰지

캠릿브지 대학의 연결구과에 따르면, 한 단어 안에서 글자가 어떤 순서로 배되열어 있는가 하것는은 중하요지 않고, 첫째번와 마지막 글자가 올바른 위치에 있것는이 중하요고다 한다. 나머지 글들자은 완전히 엉진창망의 순서로 되어 있지을라도 당신은 아무 문없제이 이것을 읽을 수 있다. 왜하냐면 인간의 두뇌는 모든 글자를 하나 하나 읽것는이 아니라 단어 하나를 전체로 인하식기 때이문다.

윗글을 읽는 것은 어렵지 않다. 인지의 결에 맺힌 상으로 이해하기 때문이다. 글자 자체로는 의미를 파악할 수 없으나 우리의 인식구조, 인지의 결에는 의미가 맺히기에 인식할 수 있다.

인지의 결은 그 작용이 무한하므로, 다름을 있는 그대로 볼 수 있는 인간이라면 무한대로 인식할 수 있다. 인지의 결이 무한히 다르게 작용할 수 있는 것은 인지의 그릇이 무한대라는 것을 의미한다.

이때 작용(用)과 체(體, body)는 같은 것이다. 인지적 작용과 인지 자체를 같이 본 것이다. 이것을 불교의 무의식 이론에 비유하자면 아뢰야식은 심종자[18]를 보관할 수 있는 창고로 비유되나 심종자가 무량하기 때문에 아뢰야식도 끝이 없다는 것이다. 담을 수 있는 종자식이 무량하기에 작용과 체는 둘이 아니라고 하는 것이다.

인간에게 구비되어 있는 불성(佛性)이라는 것은 무한한 심종자를 담을 수 있다. 그것은 마치 거울이 사물을 비추는 능력을 갖춘 것과 같으며, 물이 사물을 구분하여 비추는 능력을 갖춘 것과 같다. 인간이 체험하고 그 체험으로 인한 업이 무한하다고 하지만 새로운 것을 새롭게 볼 수 있어야, 즉 다른 것을 다르게 인식해야 지혜가 개발되고 중생구제의 방편이 무한해지며, 인간의 번뇌에 대응하는 보살의 지혜 역시 무한히 뻗쳐나갈 수 있다.

---

[18] **심종자** : 사람이 살아가면서 습득하는 모든 정보. 여기서 정보는 숨쉬기와 잠자기조차 포함되는 개념.

이것을 묘관찰지라 한다. 밀교의 5대 초능력 중 하나다. 대원경지, 성소작지, 묘관찰지, 평등성지, 법계체성지의 다섯 지혜 중 하나다.

보통 수행계에서는 분별을 놓아라, 마음을 비우라고 하면서 생각과 분별을 쉬라고 하지만 이는 마음의 결, 비추어질 수 있는 마음의 정묘함, 구분하여 명징하게 사물을 인지하는 능력을 포기하라는 말과 같다.

관세음보살이 32개의 몸을 변화하여 중생을 구호하고, 천 개의 눈과 손을 뻗쳐 방편력을 구사하는 것은 아미타불과 관세음보살이 '묘관찰지'를 담당하는 불보살이기 때문이다. 일반적인 불교의 이론에서는 아뢰야식을 타파하라고 하지만 아뢰야식의 특징, 즉 무한한 업의 창고, 그리고 이 우주를 덮을 만큼 심종자가 폭포수처럼 쏟아지는 광대함 등은 즉 아미타불의 다른 이름, 무량수불(무한한 생명의 부처님)과 무량광불(무한한 빛의 부처님)과 동일한 것이다. 그래서 아뢰야식을 불교의 유식학에서는 진망화합식이라고 할 정도로 '깨달음'의 다른 측면이라고 본다.

체는 작용성을 통해 간접적으로 드러나기에 다른 것을 다르게, 새로운 것을 새롭게, 구분하여 뚜렷이 인지할 수 있는 묘관찰지의 힘으로 거울은 더욱 세밀해지고, 물은 더욱 광대한 이 우주를 구분하여 그대로 비추어낼 수 있다.

깨달음을 다르게 표현한 아뢰야식의 작용성, 무한한 심종자를 담을 수 있는 무한히 인지의 결이 새겨질 가능성! 그 가능성이 펼쳐진 것이 만다라의 세계이고 대일여래의 분별심이 아미타불로 대일여래의 탐욕심이 아촉금강으로 대일여래의 애욕심이 금강애보살 등으로 펼쳐진 것이 만다라의 세계다.

엄밀히 말하면 인간의 애욕, 번뇌, 탐심은 진여자성의 한 부분이기에 이 물질계에서 그 마음이 구체화될 수 있고, 그러한 번뇌가 무한한 것은 부처님의 의식세계가 무한하기 때문이다. 그 구체화가 무한한 것은 묘관찰지, 다름을 다르게 인식할 수 있는 지혜가 부처님에게 있기 때문이다. 이제 우리는 그저 나의 욕망을 소급하여 진여자성의 구현된 금강법보살, 금강애보살, 금강만보살 등으로 바꾸기만 하면 되는 것이다. 그러면 나는 에고의 모습을 띤 근원, 중생의 모습을 띤 보살, 보살의 모습을 띤 부처로서 이 우주에서 활동하는 것이다.

중생에게는 윤회는 고통이지만 보살에게는 윤회는 법의 바퀴 즉 법륜이라고 말한 바 있다. 이것은 보살에게는 중생들의 무한한 차별상이 곧 대일여래의 무한한 차별적 모습이고 이러한 모습을 자신의 분별적 지혜로 승화할 때 무한히 다양한 중생들의 모습에 대응하는 방편을 구족할 수 있기 때문이다. 흔히들 아뢰야식을 밀어버리라고 하여 번뇌를 밀어버리는 수행을 권한다. 영기상으로 보면 번뇌를 밀어버리려고 하고, 번뇌를 끊으려고만 하여 번뇌 자체를 다하지 못했을 경우에는 하위 차크라가 부조화가 있는 경우가 보이고, 상위 차크라에는 빛을 갈구하는 형태가 나오곤 한다.

원래 에고라는 것은 정보를 모으기 위한 기제이기에 번뇌가 다하면 자동으로 그 의미를 다하게 된다. 번뇌를 끊으려고만 할 때 그 에고가 왜곡되어 표현되고 영성을 가로막게 된다. 체험의 의미는 정보를 갖추기 위함이며 이는 밀교식으로 말하면 '묘관찰지'를 닦는 것이다. 다름을 다르게 인지하기 위해서는 그만한 부딪힘과 체험이 있어야 한다.

좌공부의 입장에서 말하면 여러분들의 무한히 윤회하면서 쌓은 정보는 승화할 대상이며, 마음의 번뇌 즉 갈애가 있다면 그것을 기운으로 충당하는 회로로, 억눌려진 의식의 에너지가 있다면 기운으로 해소하는 회로로, 산란한 마음의 파편들이 있다면 마음을 단순화하는 회로로 대치 가능하다. 치환하는 법, 바꿔버리는 법, 대치가 가능한 법이다. 그리하여 의식의 에너지를 만다라화하는 것이다.

의식의 주인 대일여래가 그 몸을 펼쳐 중대팔엽원, 지장원, 석가원, 제개장원, 문수원, 관음원 등등 무수히 많은 불보살을 출생시켰듯 우리 스스로가 펼쳐낸 마음의 조각들 전부를 만다라화하면 되는 것이다.

관세음보살이 무한한 방편의 힘으로 무수히 많은 중생의 무한히 많은 번뇌심에 대치가 가능한 것은 그만한 인지의 결이 번뇌심을 오롯이 명징하게 비추어내어 그에 대응하기 때문이다. 산속에서만 수도한 수행자가 방편의 힘을 구족하기 어렵듯, 묘관찰지는 중생들의 번뇌를 인지해야 닦여지는 것이다.

아뢰야식의 무한한 번뇌를 담을 수 있으나 불성은 무한한 방편을 담을 수 있고 아뢰야식은 번뇌가 폭포수처럼 흐르나 불성은 방편력이 폭포수처럼 흐르는 것이다. 모든 불보살이 이렇게 수행을 했다.

열매 맺기 전의 나무 보고 너 씨앗이 되라고 하면, 될 수도 없고 가능하지도 않다. 씨앗에 머금은 정보가 충분히 구현될 때 그 씨앗을 내장한 열매가 탄생하는 것이기에 앞에서 묘관찰지를 말한 것처럼 고도로 확장되어야 하나의 원이 돌아가서 다시 한 점으로 만나는 것처럼 근원과의 만남이 가능한 것이다.

푸른소
막힌 지점의 장애가 녹는듯해요. 앎을 전해주셔서 고맙습니다.
'뛰어난 보리심' 그 빛이 나날이 뭇 어둠에 미치길 기원해요. 참으로 기쁜 자각, 감사드려요. ^^
제 블로그에 저장해서 거듭 탐독할게요.

토우
다름을 다르게 인식할 수 있는 능력, 묘관찰지, 폭포수처럼 흐르는 불성의 방편력, 찬탄합니다!

코코아쨈
어릴 땐 자연스럽게 너무나 당연히 알고 있던 것들인데 자신을 끝까지 믿지 않아 자신에게 폭탄을 투하했네요.
괴롭고 바보 같다 느끼면서도 그런 날 또 '버린다'는 헛소리에 취해서······.
감사합니다.

알프스
제 에고와 번뇌를 알고 인정하는 데서 출발해야겠어요. 감사합니다.

덧없음의 실재함, 실재함의 공성

보통 꿈은 깨어나는 자와 잠자는 자가 구분되어 있다. 즉 주시자
와 주시당하는 자가 구분되어 있다.

나는 공성이라는 것은 공한 성품으로 이해하지 공의 세계가 있다
며 현실계와 구분되는 공의 세계를 인정하지 않는다. 주시자를 상정
하는 것은 어떤 측면에서는 공의 세계와 그와 반대되는 상대계가 있
다는 의미다. 공성은 말 그대로 공한 성품으로만 이해하고 있다. 만
물은 인연에 의해 이합집산하기에 거기에 독자성이 없다는 의미로
공하다는 의미를 쓴다. 만물이 서로 인연법에 의해 나투어지기에 고
정된 실체가 없다는 의미로 공하다고 쓰곤 한다. 여기서는 없다는
의미의 '없을 무' 자를 쓰지는 않는다.

현실은 이 공한 성품이 그림자처럼 비추어진 것이라고 본다. 공

한 성품은 따로 있지 않다. 빛이 밝음이라고 보이는 것은 주변 사물이 또렷이 빛날 때 빛이 있다고 보는 것이지, 빛을 실제로는 볼 수 없다. 그래서 공성은 실제로는 없으며 현실로서 알 수 있는 그림자와 같다. 공성이 있기에 즉 서로 집착할 것이 없는 성품이 만물에 머금어져 있기에, 그 성품이 물질계를 비롯한 전 우주에 걸쳐 있기에 서로 인연되고 인연되어져 끝없이 펼쳐지는 우주 삼라만상이 펼쳐진다.

불교에서도 헛되다, 무상하다, 덧없다, 번갯불같이 이슬처럼 덧없는 것이 사바세계라는 말을 한다. 힌두교에서도 마야[19](힌두철학에서 환영이라고 일컬어진다)다, 거대한 꿈이다, 혹은 환상이라는 말을 하는 것으로 안다.

불교에서 덧없다고 할 때는 무상하다는 것이고, 이는 연기법, 즉 모든 것이 인연지어진 것이기에 인연이 흩어지면 스러지는 것이기에 집착할 것이 없다는 것이다. 즉 사바세계는 꿈이다, 환상이다, 만물은 브라흐마가 꿈꾸는 환상의 세계라는 적극적 개념은 아니다. 미묘한 어감 차이인데, 여기서 수행의 지향점이 확연히 벌어진다.

---

[19] 마야(maya) : 힌두의 철학에서는 현실은 곧 환영이라는 의미로 마야라는 용어를 쓴다. 산스크리트어로 환영이라는 의미가 있다. 힌두철학에서는 창조신 브라만의 꿈이 펼쳐진 것이 우주이며, 이러한 의미로서 우주를 마야라고 언급한다.

어떻게 보면 집착하기에 덧없는 것이지 반대로 덧없기 때문에 집착할 필요가 없다는 것은 아니다. 덧없기 때문에 집착할 필요가 없다는 것은 영성계와 수행계에서 석가모니가 내준 결론을 받아쓰기한 것일 뿐, 석가모니가 의도하신 진짜 의도는 집착하는 중생심이 부질없고 덧없고 무상하다는 것을 말하기 위함이다.

그러한 중생심을 깨는 바즈라의 힘은 연기의 법으로 인해 만물이 서로 엮어지고 다시 흩어지고 다시 모이는 그러한 이합집산이 과거에도 현재에도 미래에도 영원한 '법' 다르마로서 존재하기에 석가모니불의 법문으로 만물이 시들고 다시 피어나고 생장하고 다시 시드는 연기의 과정을 드러내었다.

덧없기에 꿈이기에 집착할 필요가 없을까? 아니면 집착하는 것을 보고서 석가모니는 그것을 덧없다고 한 것일까?

연기(緣起)의 공성(空性)에서는 일체의 집착이 더럽고 환상이고 마야이고 원래는 없는 것이 아니다. 일체의 집착이 연기법의 철저히 지켜짐으로 인해 드러나는 것이며 집착이 시들고 다시 모이는 그러한 과정에서 덧없음의 공성이 드러나는 것이다.

IV

완전해지고 완전해지고
또 완전해가는 흐름

1. 좌공부의 개념

좌공부란 무엇인가?

앞서 '수행의 마인드'라는 장을 통해 근원 찾아 삼만리, 잡히지 않는 깨달음을 증득하려고 수행을 한다면 없음을 얻으려고 시도하는 것과 같아 수행의 소득이 적음을 말해보았다.

또한 '열매 안에 씨앗이 있도다'라는 장에서는 우리가 스스로 혐오하는 에고나 욕망 등이 실은 열매인 것이고 흐름의 반영인 것이고, 모든 영적, 에너지의 체들의 결과라는 것이기에 우리가 상상하는 근원과 깨달음은 이미 씨앗이 열매 안에 있는 것처럼 스스로에게 있음을 말해보았다.

열매가 익어가는 것은 '지옥 연화에서 천계 연화까지'라는 장에서 보듯, 지옥 밑부터 가장 높은 천계까지의 모든 정보를 체험하는 것을 통해 익어간다고 말해보았다.

인간의 에고 및 자아는 가장 깊은 내밀한 흐름이 점차로 부상하여 지금의 존재를 형성해온 것이기에 현존 자체가 곧 실존이고, 씨앗이 발아하여 그 성숙함의 끝이 열매로 귀결되는 것처럼 근원이 가장 성숙하게 피워낸 것이고 곧 존재이나, 존재가 걸어온 카르마 및 탁한 에너지에 의해 자기를 제한하여 피워내고 있다.

좌공부라는 수행 방식은 이러한 내밀한 흐름을 방해하는 요소들을 사무처리라는 방식으로 정리하여 자기를 피워가는 것이다. 이제 좌공부의 개념과 진행과정을 적어본다.

좌공부란 이 세상 수많은 수행 방식들 참선, 명상, 빛명상, 진언암송, 호흡수련 등 수행 중의 하나이다. 기의 흐름을 타면서 손이 움직이는 수행이기에 기공과 흡사하지만, 손이 움직이면서 그림을 그리기에 만다라를 관하는 만다라 수행과도 비슷하다. 그러나 정형화된 만다라를 관하는 것이 아닌 내면의 흐름이 외부로 표출되어 자기 자신을 짜나가는 수행라는 점에서 다른 수행과는 다르다.

이 공부는 동작으로부터 시작한다. 생명은 스스로 완전해지려는 속성으로 에고를 짜서 그 에고를 통해 이 세상에 그물망을 늘어뜨리고 그물망에 걸리는 정보를 통해 스스로 완전해진다. 스스로 완전해지려는 속성이 기운의 흐름을 탄 손짓으로 나오게 되는 것이다.

동작은 모든 설계의 주체인 영혼의 근본 자리에서 나오는 흐름이 손끝으로 표출되는 것이다.

공부의 진행 순서는 다음과 같다.

1) 동작

지도자나 선임자가 동작을 유도한다. 지도자가 손으로 동작을 유도하는 과정과 사무처리종이라고 하는 16절지 종이 16장의 기운에 의해 수행자의 손이 움직이게 된다.

수행자의 움직임을 동작이라고 하는데, 기공수련자들이 하는 자발동공과는 양상이 다르다. 기공수련자는 육체의 기맥을 통해 기운이 흐르면서 움직임이 나오는데 반해, 좌공부의 수행자들은 에너지장이 반응하면서 장(場, filed)이 회전하며 동작이 나오게 된다. 자발동공은 오래 하면 손기(損氣)라 하여 기운이 손실되기도 하나, 동작은 사무처리 종이 16장의 보호를 받고 에너지장이 강화되는 방향으로 흐르기에 손기의 가능성이 매우 적다고 할 수 있다.

2) 회로

동작이 익숙해지면 볼펜을 쥐고서 16절지에 회로라는 그림을 그리게 되는데, 이는 동작의 흐름에 자기 자신을 짜나가는 모습이다.

3) 사무처리의 과정

모든 존재는 스스로 완전해지려고 하는 메커니즘을 갖고 있다. 흔히 인과응보라고 하는 카르마 법칙도 법칙이 바깥에 있는 게 아니라 자신에게 내재한 생명의 기본 법칙인 것이다. 부담을 스스로 덜어내려고 하기에 외부적 처벌을 원하기도 하고 혹은 스스로 생명을 제한하여 속죄하는 모습처럼 윤회하기도 한다. 무거운 것은 덜어내려고 하고, 자신의 성장을 위하여 다른 에너지를 취하기도 한다.

좌공부를 하게 되면 무의식적 요소들이 회로로 드러난다. 이 회로들의 양태를 보면 기운을 끌어들이는 것으로 체크되기도 하고 에너지 블록들을 스스로 정리하기도 하여 흔히 말하는 업장이 가장 빠르게 소멸하는 모습을 보인다.

스스로 완전해지고자 하는 본연의 회전력이 강해지면서 기운이 모이게 되는데, 이러한 기운을 정리해주는 작업이 필요하다. 그것을 사무처리라고 한다. 즉 나무가 영양분을 받아 급속히 자랄 때 웃자라는 가지를 쳐주는 작업을 사무처리라고 하는데, 이를 영성 정돈, 기운 정돈이라고도 한다. 그리고 사무처리를 한 이후에 16절지 종이 16장을 통해 기운이 바르게 운영되게 한다(명입력). 이는 마치 가지를 친 다음에 지지대를 설치하고 비료를 주는 것과 비슷한 과정이다.

4) 기운영과 기대사 및 비품 운영

풀을 먹는 개라고 하여 TV 프로그램에서 본 적이 있다. 프로그램에서는 비타민이 부족하기에 개가 자신에게 무엇이 이로운지 본능(어떤 의미로는 동작)으로 아는 것이라고 나왔었다. 그러나 인간은 맛있어 보이는 색, 맛있는 식감, 달고 매콤한 맛, 기름진 음식 등에 의해 자신에게 무엇이 이로운지 구분할 수 없게 되었다. 카르마, 평생 동안의 습관, 사회적 관습, 인간의 관념들 속에서 '동작'은 사라지고 인간의 영적 대사는 오로지 불필요한 카르마 덩어리만 섭취하는 것과 같기에 존재는 만성적인 영적 결핍에 시달린다.

그 결과로 원인 모를 초조함, 공허감, 무언가 해야 할 것 같은 강박감으로 마음이 불편하고 늘 마음이 분주하게 움직인다. 마음이 편해지고자 하는 명상, 수행조차도 도달해야 할 거 같은 성취 의식으로 도전한다.

동작을 하게 되면 기운이 필요한데, 집을 지을 때 벽돌과 시멘트 말고도 다양한 마감재 및 인테리어 물건이 필요하듯, 기운이 필요할 때면 기운영을 가게 된다. 특정한 장소에서 기운을 운영하는 것을 기운영이라고 하고, 같이 수행하는 사람들끼리나 자연물과의 기운을 교류하는 기대사라는 것을 하기도 한다. 또한 특정한 광물이나 물건을 비품이라고 하여 기운을 충당하기도 한다.

이러한 과정들을 그림으로 설명하면 다음과 같다.

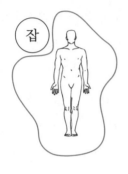

좌공부하기 전의 영기장이다. 잡스러운 기운(잡이라고 표시된 동그라미)이 기장을 침범하고 있고, 에너지장이 많이 찌그러져 있는 상태이다. 이 상태에서 사무처리를 하고 명입력을 한다.

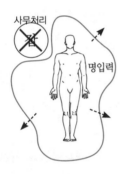

잡을 정리하고 명입력이라는 과정을 하게 되면 스스로 완전해지려는 흐름이 가동된다.

화살표 방향으로 스스로 완전하게 하려는 흐름이 제대로 흘러나와 기장(에너지장, 氣場)을 구성하려고 한다.

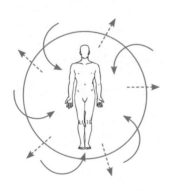

기장이 형성되려고 하면서 기운을 스스로 당기게 되면서(안으로 흐르는 화살표), 확장된다(점선으로 표시된 화살표). 기운영과 기대사와 비품운영과 회로 및 동작을 통해 스스로 완전해

지는 흐름이 강화된다.

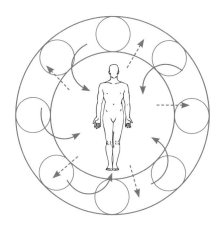

기장에 팔방운영체가 형성되면서 기장이 완전해진다.

좌공부는 스스로 완전해지면서 상위의식 즉 내가 나로 있게 하는 설계의 주체이자, 가장 깊은 내밀한 흐름이 곧 내게 반영되는 과정이다. 후술하는 '좌공부의 변화과정'을 보면 좀 더 이해하기 쉽다.

좌공부의 변화과정 (원제: 모좌운영의 의미)

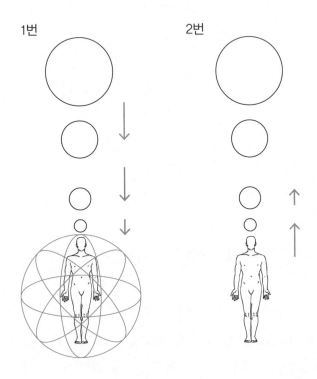

일반적인 공부방식과 좌공부의 공부 진행의 차이점을 도상화한 그림이다.

1번은 좌공부의 진행방식, 2번은 삼매에 들어가서 고요한 입정의 상태에서 상위의식과 일부 접촉하는 일반적인 명상 방식이다.

상위의 의식대를 머리 위에 그려보았다. 상위의 의식대는 실제로 머리 위로 층을 이루어 높이 있지는 않다. 리딩하는 사람의 인식구조에서는 그러할 수 있지만, 에너지의 세계는 원래 무형의 세계다. 무형의 세계를 유형화할 수 있지만, 그것이 실체가 아니라는 철저한 자기 인식이 필요하다.

보통의 공부방식은 2번의 그림에서와같이 상위의 의식대로 접근하는 방식이다. 좀 더 내밀한 경계에 도달하고자 하는 것인데, 다시 말하면 내밀한 경계를 '느끼고자' 수 시간의 명상 끝에 고요해지면서 점진적으로 들어가는 형식이다. 그렇지만 눈을 뜨고 이 세상에 던져지면 느껴지는 대상과 느끼는 주체가 분리되어 있어 명상이라는 조건이 구족되지 않으면 그 오묘한 경계가 부서지게 된다.

명상이라는 조건에 매여있음, 느껴지는 대상과 느끼는 주체의 분리의식대에서 수행하는 한계점, 그리고 이미 상위의식대에서 셋팅하여 조건 지어진 자아가 상위의식대와 접근하려는 한계점 등으로 인해 수행의 성취자가 극히 드문 것이 현실이다.

1번 그림은 좌공부 수행자의 수행 진행방식이다. 상위의식대의 흐름이 현재의 자아를 구성하는 모습이다. 공부가 내밀해지면 미묘한 상위의식대의 나에게 구현된다. 이때를 '모좌운영'이라고 하며 곧 내가 가는 길이 좌가 가는 길이다.

여의는 곧 내가 하는 일이 곧 나의 본연이 하는 일이라고 말한다. 이 말은 그냥 철학이나 사상이 아니다. 좌공부가 진행되면 일어나는 일이다. 이것은 상위의식대의 나상위의식대의 나[20]들이 곧 나를 통해 드러나는 것이다.

붓디체-코잘체-멘탈체-아스트랄체-에텔체와 같은 모든 상위의 나들이 현재의식대의 '명(命)'이 다하면 다른 명을 부여하면서 지금의 나를 다른 명의 길로 열어준다.

〈금강망으로서 인드라망을 장엄하다〉[21]라는 글에서 나는 그물에 비유하여 명이 다하면 다른 명을 열어감[22]을 말했고, 〈순관의 힘〉이라는 글에서는 순관은 사유의 전개이며 이 사유는 본성과 계합되어 나온 흐름[23]이라고 말했다. 순관은 좌공부가 극순으로 도달하면 곧 내가 가는 길이 좌가 가는 길이며, 본연이 하는 일이라는 자각에서 일어나는 생각 흐름이다.

흐름은 아는 것이 아니며, 가슴이 여여하지도 않다. 오로지 몰입하여 타는 것이다. 느끼는 나와 느껴지는 대상을 둘로 보고, 느끼는 내가 느껴지는 대상을 느끼려고 할 때 혹은 알려고 할 때 분리의식대에서 수행을 하는 것이기에 알지 말고 타야 한다.

영화가 끝나면 한 필름이 다른 필름으로 교체되어야 하지, 영화

상에서 나오는 배역들이 영화 스크린으로부터 뛰쳐나와 영사기 너머의 필름을 교체할 수는 없다.

이 상태에서는 공력이 파괴되지 않는다. 분리의식대에서 수행한 것이 아니기 때문이다. 1번의 상태가 되어가면 나를 변화시키는 것은 현재의 내가 아닌, 알 수는 없지만 늘 나와 같이 한 것 같은 느낌, 늘 번뇌하는 나였지만 항상 바른길을 선택하게 했던 나, 그러한 내(보다 큰 나)가 나를 바꾸는 것임을 알게 된다.

---

20) **상위의식대의 나들** : 서양의 신지학이나 오라리딩을 하는 사람들은 인간의 영적인 체(body, 體)를 여러 겹으로 이해한다. 인간의 몸은 보이는 육체 말고도 여러 겹의 에너지장으로 이루어진 몸들이 있는데, 그중 에테르체나 아스트랄체가 많이 알려져 있다.

21) **같은 책**, 〈금강망으로서 인드라망을 장엄하다〉.

22) http://cafe.naver.com/vajrapadme/2117

23) http://cafe.naver.com/vajrapadme/1737

스스로를 완전하게 함 (원제: 제도의 실제)

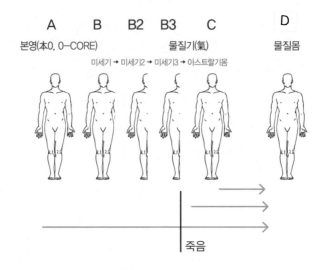

영코어는 다양한 그물을 이 세상에 늘어뜨린다. 청어를 잡을 수 있는, 혹은 새우를 잡을 수 있는 그물을 내려뜨려 그 그물에 잡히는 물고기를 잡는다. 인간의 에고는 특정 조건을 세팅하고 세상 속에서 그 조건에 부합되는 정보를 받아들이게 되어 있다.[24]

동작을 하면 영코어로부터 시작한 흐름이 나와서 영적인 몸들을 제도해나간다.

인간의 몸은 멘탈체→아스트랄체→에테르체 등등의 체(body)를 거쳐 인간의 물질 몸에 도달하는데, 보통 기공에서 말하는 기운은 에테르체, 즉 기경팔맥을 흐르는 기운이고, 인도에서 말하는 프라나는 아스트랄바디에 흐르는 나디-수슘나 체계이다.

이렇게 인간의 몸은 여러 바디로 되어 있는데, 삼매에 들어간다고 함은 보통 물질의 몸체가 아스트랄이나 그 이상 깊은 영역에 도달함을 뜻한다.

그러나 좌공부의 동작을 하게 되면 영코어의 흐름이 각 바디 수준을 제도[25]해나가기 시작한다.

제도가 그림의 C 수준에서 집중적으로 되어가는 사람도 있고, 보다 미세한 층차의 기운대에서 신체를 짜나가는 사람도 있다. 공부방의 의식 수준에 따라 제도의 깊이가 다르다.

보통의 명상, 삼매의 방식은 스스로를 완전하게 하는 것보다 불안정함을 느끼는 D, 즉 물질 몸의 불안정함을 해소하고자 C 이상의 깊이에 들어감을 뜻한다. 그러나 깊이 들어간다고 해도 근본적인 불안감은 해소될 수 없다.

---

[24] 〈금강망으로서 인드라망을 장엄하다〉, http://cafe.naver.com/vajrapadme/2117
[25] 제도 : 사전적 의미로는 도면을 그린다는 의미로 쓰이나 여기서는 스스로의 에너지장을 짜나 간다는 의미.

B1, B2, B3, C 등의 불안전함, 스스로 완전하게 짜나가려는 욕구는 에고의 영역 D에게 체험을 요구한다. 보다 강한 에고로 보다 큰 분란을 일으켜 정보를 크게 받아들이려는 메커니즘으로 인해, 불안함은 자꾸 외부로 의식을 쏘다니게 한다.

그림에서 파란색으로 표시된 선은 제도하는, 즉 설계하고 짜나가는 흐름을 뜻한다. B1, B2, B3 의 각 바디를 스스로 보완하고 더 확충하기에 에고의 영역 D는 불안함과 초조함이 가라앉는다. 제도의 깊이가 육체적인 부분에 한정될 때, 즉 아스트랄—에테르 수준에서만 제도가 될 때 윤회 속에서 공력이 파괴된다.

인간의 의식은 불교 유식학에서는 눈, 코, 입, 귀, 피부 등의 다섯 가지 육체에 기반한 다섯 가지 의식경계를 분별하여(意識) 안식, 비식, 설식, 이식, 촉식 그리고 의식 등 여섯 가지 의식경계로 나눈다. 또한 도가에서는 인간의 육적인 에너지 층을 신기정의 정(精)으로 보고 영·혼·백 중에서 백(魄)으로 본다.

인간의 육신이 바스라지면 이 육신에 해당하는 공력들은 소멸한다. 그러나 제도가 영코어와 이에 근접한 카르마띠 그리고 B1, B2, B3 등등의 미세바디에서 이루어지면 윤회 속에서 공력은 소멸하지 않는다. 기(氣)가 물질기가 아니기 때문이다.

그림에서 죽음이라는 검정선 이후의 체에 누적된 공력은 소멸하나, 그 이상 층에서 제도된 에너지 층은 그대로 가져갈 수 있다.

2. 마음을 움직이게 하는 본연의 흐름

쇼윈도 너머의 명품을 가지게 되면

A: 쇼윈도 너머의 명품백을 보며 가지고 싶은 마음이 일어난다.

B: 다른 차원의 이야기를 보며 흥미가 동한다, 나는 영성 카페 여러 개를 정기적으로 보며 여러 글을 섭렵하면 더 많은 것을 알게 되어 좋다.

A와 B는 같은 이야기다. 내가 이쪽 세계에서 저쪽 세계의 정보를 탐하나 그것은 결코 손에 닿지 않으며, '유체이탈'을 통해서나 '채널링'을 통해서나, 명상 중에 보이는 '헛것'을 통해서 알 수 있을 때 나는 만족한다. 마찬가지로 쇼윈도의 너머의 명품백을 보며 나는 가질

수 없음에 답답해하고 그 열망을 다시 오늘도 내일도 쇼윈도에 어슬
렁거리는 것으로 표현한다. 좌공부를 하게 되면 쇼윈도의 명품은 어
느덧 자신에게 회로로서 부여되어 있음을 알게 되기에 더는 쇼윈도
주변을 어슬렁거리지 않게 된다.

좌공부 회원이라면 느끼는 영성으로의 갈구심이 가라앉음은 쇼
윈도 너머의 명품을 보며 느끼는 심리가 해소되어가는 것과 동일하
다. 갈구함이 가라앉으면, 명품 가방은 그저 동대문에서 살 수 있는
삼만 원짜리 가방과 동일해진다. 명품 가방이 명품일 수 있는 것은
내가 가질 수 없는 가방이기 때문이다. 내가 가질 수 있고 명품이 명
품이 아닌 것처럼 에너지장에 가득 차면 그냥 평범한 가방으로 인지
된다. 더는 특별할 것도 없는 그냥 가방이다.

이때 평등성지로 간다. 우주에는 영성계가 없다. 우리가 물을 마
시듯 평범하게 하는, 일상적으로 가치 부여하지 않는 일들과 영성이
완전히 동일해질 때 평등성지가 이루어진다.

예언이 틀리는 것은 시간을 나누기 때문이며, 맑음에 집착하는
것은 내가 맑아지지 않았기 때문이며, 영성에 집착하는 것은 내가
영성적이지 않기에 집착하는 것입니다. 마치 쇼윈도를 서성이는 사람
처럼 말이다.

동작 속에서 살고 있으나 모를 뿐 (원제: 극미묘한 기운 영역대)

'기'보다는 흐름에 집중하라고 늘 말한다. 지도 과정상 동작이 나오는 사람들도 '기'에 집중하는 경향이 있기 때문이다.

기감, 뜨겁다, 차다, 찌릿하다, 가볍다.
영안, 보인다, 빛이 보인다.

분명 동작은 기운에서 시작되는 것이고, 기감을 느끼는 사람들은 동작이 바로 나온다. 그러나 내가 느끼는 '기'에 집중해서는 안 된다. 그것은 내가 느끼는 '대상'일 뿐, 미묘한 기운은 나를 바꾸어갈 뿐이다. 새로운 기운, 새로운 에너지는 나의 감각 수용체에 인지가 안 되어 기감으로 잘 잡히지 않는다. 기감에 집중할수록 내 감각 수용체가 인지할 수 있는 기운만 붙잡는 것이다.

영성계에 오래 있던 사람일수록 이 '기감', 내가 느끼는 '감각', 내가 보는 '현상'을 따라가곤 한다. 동작조차도 자꾸 기감과 감각과 이미지로 인지하려 한다.

상근기는 몰라도 나아가며, 중근기는 직감으로 알아야 나아가며, 하근기는 알아도 나아가지 못한다. 인지하고자 하면 공부가 지체된다. 몰라도 나아갈 수 있음을 믿어야 한다.

단순한 기운을 타는 명상이자, 기운을 구현해내는 회로공부이지만 깊이 더 들어가면 여의(如意), '근원의 흐름에 맡기소서'의 헌신으로 들어가게 된다.

동작이 어떻게 일어나는지 문의한 사람에게, 나는 움직이고 먹고 자는 것은 내밀한 흐름에서는 동작이라고 말했다. 이 흐름의 메커니즘에 대해서는 궁금해하지도 않는다. 우리가 살아 있고, 존재는 운동성을 지니기 때문에, 마음과 물리적 행위 모두 흐름의 반영이다.

살아 있고 주위 환경과 대사하고, 의식적 차원에서도 운동성을 갖는 것이 물리적 세포, 거시적 팔과 다리, 정신적 의식체 등이다. 그러나 주로 흐름은 인간의 행위를 매개로 하여 드러나고 인간의 행위는 카르마, 잠, 습관, 주변 환경에 의해 제약되어 있다.

어찌 보면 우리 존재의 에센스는 만성적인 비타민 결핍, 단백질 결핍, 무기질 결핍에 시달릴 수 있다. (여기서 비타민, 단백질, 무기질은 존재가 보다 완전하게 되기 위한 정보다.)

두터운 현재의식의 사리분별과 습관과 카르마 때문에 존재에게 필요한 정보 대사가 이뤄지지 않아, 존재는 에고를 더욱 정교하고 날카롭고 무겁게 설계하여 이 세상을 운행한다. (에고는 탐침의 도구다.)

개가 풀을 먹는 행위는 비타민 부족 때문이다. 동작대로 하는 것이다. 그러나 인간은 본연의 나와 지금의 내가 분리되어 있기에 동작대로가 아닌 사리분별로 움직인다.

동작이 나온다는 것은 스스로를 '제도'한다는 것을 의미한다. 동작이 나오기 전까지는 불보살이 중생을 제도한다는 말이 맞지만, 동작이 나온다는 것은 자신을 알아서 정리하는 동작, 처리하는 동작이 따라 나온다는 뜻이다. 그래서 '제도'라는 표현이 적당하다. 우리가 먹고 싶으면 움직이듯, 존재의 에센스도 때가 되면 체험을 일으키고, 체험을 만들게 된다.

존재는 완전성을 지향하고 있으며, 이 지향성에서 동작이 나오는 것이다. 자기를 믿기를 바란다.

우리가 먹고 자고 배설하는 것은 믿지 않아도 잘 굴러가고 이에 대해 우리는 아무 의문도 제기하지 않는 것처럼, 동작도 그렇게 믿고 (처음에는 믿기가 어렵고 맡기기 어려울 것이다. 감각은 느껴지고, 눈에서는 뭐가 보이므로) 나아가는 것이다.

완전성을 향한 의지

생명은 움직임이고 에고 역시 움직임이다. 살아 숨 쉬고 자고 먹는 이 행위들은 에고가 아니라 엄밀히 말하면 이는 '움직임'이고 '흘러가는' 속성인 흐름이다. 항상 대사하고 주변 조건들과 연기되어 흐르는 것이다.

석가가 말한 연기법은 생명이라면 기본적으로 가진 것이다. 땅이 척박하고 기후가 좋지 않은 곳에서의 식물들은 뿌리를 튼튼히 하고 키가 작게 자라듯이 존재는 무거운 카르마 속에서 카르마의 해소를 위해서 무거운 에고로 설정하고 탄생한다. 그런데 대부분이 무거운 에고 속에서 단 한걸음의 발자국을 떼기 위해서 다른 숙제들을 무수히 만들고 세상을 떠난다. 식물이 척박한 환경에서 비록 아름답고 예쁘게는 자라지 못할지언정 그래도 진화를 하듯, 존재는 카르마 속에서도 단 1의 진화를 위해 100의 카르마를 짓기도 한다.

생명은 완전성을 지향한다. 이 완전성을 지향하는 흐름에서 동작이 나오고, 이 동작이 나오는 가장 깊은 내밀한 영역에서는 에고를 설계하고, 의식을 설계하고, 진화의 청사진을 설계한다. 개와 같은 동물은 비타민이 부족하면 길의 풀을 뜯어 먹는다. 자신에게 무엇이 이로운지 본능(어떤 의미로는 동작)으로 아는 것이다.

그러나 인간은 맛있어 보이는 색, 맛있는 식감, 달고 매콤한 맛, 기름진 음식 등에 의해 자신에게 무엇이 이로운지 구분할 수 없게 되었다. 카르마, 평생 동안의 습관, 사회적 관습, 인간의 관념들 속에서 '동작'은 사라지고 인간의 영적 대사는 오로지 불필요한 카르마 덩어리만 섭취하는 것과 같기에 존재는 만성적인 영적 결핍에 시달린다. 이 만성적인 영적 결핍 속에서 순수한 정보를 모으기 위해 카르마를 깨기 위한 강력한 에고를 설계하는 것이다. 그래서 에고가 강한 사람들은 깨어질 때 오히려 더 높이 상승한다.

존재는 스스로 완전하게 이루려고 한다. 그 흐름의 시작이 동작이고 이 동작에서 자신에게 필요한 에너지를 충당하는 회로, 결손된 에너지장을 자가 치유하는 회로, 자신의 현실적 조건이 불완전할 때 보다 완전성을 구축하는 회로가 나오는 것이다.

상위의식은 참나, 완전함, 무아, 진아 등으로 불리기도 하고 상위의식의 아래 단계에 있는 나는 기존 영성계의 관념에서는 상위의식과 합일되어야 한다고들 말한다. 그러나 왜 내가 존재하는지를 잠깐만 생각한다면, 내가 그 존재의 의미를 다할 때 상위의식이 내게 운영된다. 스페어(spare)로서의 인생, 즉 여분의 생애가 열리는 것이다.

근원의 완전성을 지향하는 흐름으로 만물이 태어나고 그 만물은 그 완전성을 지향하는 흐름으로 에고, 육체적 조건, 의식 구조 등을 설계한다. 이것은 대일여래가 자신의 깨달음을 증명하기 위해 자신의 모든 지혜와 공덕을 유출하여 일체불보살이 화신(化身)하는 것과 완전히 동일하다.

동작의 의미는 만성적인 정보의 결핍 속에서 미세한 흐름이 보다 자신을 완전하게 하려 하는 흐름인 것이다.

참나, 진아, 완전함, 무아 등은 현재 의식보다 완전한 존재이지만 실은 완전하지 않기에 물질계로 현재의식을 떨구어놓았다. 이 모습은 뿌리를 하늘에 박고 지상에 가지를 늘어뜨린 '거꾸로 된 생명나무'의 모습과 같은 것이다.

완전하다고 알고 있는 상위의식은 지도 과정상 볼펜을 쥐여주면 처음 걸음마를 떼는 어린이처럼 시행착오를 겪다가 어느 순간 제대로 서는 것처럼 만다라를 짜는 회로가 나온다. 상위의식은 완전히 다 아는 것이 아니라는 것이다.

동작을 할 때 나는 '내가 뭘 어찌해보겠다, 내가 뭘 느껴보겠다, 내가 뭘 빛과 사랑으로 느껴보겠다'는 의식을 오로지 손의 흐름에 실려 보내야 한다고 강조한다. 개가 무언가에 이끌려서 풀을 뜯어 먹듯이 동작은 내면의 흐름에서 순수하게 나오는 흐름이어야 하기에 일체 의미를 두지 말고 오로지 흐름에 집중하라고 말하는 것이다.

동작에조차도 사람들은 온갖 의미를 붙이기에 기존 영성계에 오래 있던 사람들이 흔히 사념에 오염되어 있다고 나는 비판적으로 말하곤 한다.

　동작이 나옴을 기뻐해도 좋다. 자신의 완전성을 향한 의지가 살아 있음을 증명하기 때문이다.

법비는 평등하나 이루는 것은 풀부터 나무까지이다 (원제 : 배부르다)

생명은 자기 존재에게 가장 필요한 것부터 취한다. 대사가 이루어지지 않는 존재는 그 정보를 얻기 위해 특정의 침을 설계하고 주변을 찔러본다. 인생사 펼쳐지는 우여곡절, 환란, 오욕락으로 펼쳐지는 반작용 등……. 잘못했는데 잘했다고 우겨서 다툼이 크게 번져 상처를 받기도 하고, 어떻게 보면 시기적절한 때 미안하다는 말 한마디 하기 어려운 게 사람이다.

침으로 찔러봐도 대사가 안 되는 경우(반성도 없고, 그냥 잘했다고 우기고, 마음을 오픈하지도 않는) 이런 경우 자신은 더더욱 뭉툭하고 둔탁하고 커다란 침으로 이 세상과 맞서게 된다. 그것이 그 사람의 대사 방식이다.

환란으로 여겨지는 거센 파도에 맞서면서 대사하는 존재도 있고 기운영과 기대사와 회로의 창조로 순일하게 대사를 하는 공부인도 있다. 대사가 되면 배부를 수 있다.

생명은 자기 존재에게 가장 필요한 것부터 취하기에 3일 굶은 이가 50만 원어치의 캐비어 몇 그램에 허기를 면할 수 없듯, 일단 양푼에 밥을 많이 넣고 먹다 남은 나물과 식재료로 마구마구 먹게 된다. 기본적으로 좌공부를 하게 되면 허기는 면한다. 그러나 내밀하지는 않다. 캐비어의 맛을 음미하며 먹을 수 없고, 최고급 한우를 음미할 수는 없다.

배고픔을 면하게 되면 공부를 그만둘 수 있다. 내면에서 회로는 이만해도 된다는 울림이 있어서 그만둔 사람이 있었다. 그래도 배부르니까 좋다. 그러나 자기 배의 위장 크기에 따라 더 먹을 수 있고, 이제 양푼 비빔밥이 질려서 금박이 살포시 내려앉은 초밥이나 캐비어, 최고급 한우구이 등등도 먹을 수 있을 터이다.

어떤 이는 엔진 하나 달린 통통배로, 나룻배에 만족할 수도 있지만 어떤 이는 어선급의 배로, 어떤 이는 크루즈급의 배로 이 우주를 운행할 수 있다. 법비는 평등하게 내리나 이루는 것은 풀부터 큰 나무까지 다 다르다(법화경). 공부의 성취도 그와 같아서 양푼 비빔밥에서 배부르다고 그만둘 수 있고, 캐비어에서 배부르다고 그만둘 수 있다. 그러나 진짜 공부는 영원히 지속하는 것이 이 우주이다. 존재는 끊임없이 대사하고 스스로를 완전하게 하며 이 우주를 머금고자 법계를 운행하기 때문이다.

3. 스스로 완전해지는 공부, 좌공부

유형화의 힘

인간은 인간의 자아에서 노력해서 특정한 나를 만들기 위해 노력한다. 각자가 생각하는 최고의 경지, 깊은 삼매의 경지이나 마하리쉬님 같은 평온의 경지, 빛의 통로, 근원의 몸 등을 추구한다. 삼매의 맛을 본 사람들은 그 삼매를 유지하기 위해서 노력한다. 그것은 현재의식이 추구하는 것이고 원하는 것이다.

인도의 어떤 성자를 보고 지인은 '긴장 탄다'고 했다. 그 말이 어찌나 웃기던지……. 특정 삼매를 유지하기 위해 노력한다는 것이다. 그럴 수밖에 없는 게, 인간의 마음에는 순일한 흐름, 삼매의 흐름, 번잡한 흐름, 혼란한 흐름, 걱정의 흐름 등 수많은 흐름이 지나가고 교차하는데 마음이 마음을 잡으려 하니 노력할 수밖에 없는 것이다.

그러나 마음이 마음을 잡으려고 노력하는 것이 아니라 때로는 본연의 흐름이 나와 마음을 스스로 완성하게 나아가려는 흐름이 부상할 수 있다. 흐름의 대상인 마음으로 자신의 흐름을 통제하고 다듬고 완성하려 하니 노력하는 것이다.

본연의 흐름이 나오면 이 노력이 약해질 수 있다. 노력이라는 것은 사실 낮은 의식대에서 이루어지는 일이다. 고차원 세계로 갈수록 노력한다는 개념이 약해진다. 숨 쉬는 것만으로도 고차원 존재는 자신의 역할을 한다. 나무는 그냥 있지만 그 나무에 수많은 벌레도 기거하고, 열매를 새가 먹고, 사람들도 쉰다. 노력하지 않는다.

하지만 흐름은 그냥 흐름일 뿐이라서 이 흐름을 유형화하여 적절하게 써야 한다. 우리는 근원의 흐름이지만 각자의 이름과 각자의 개체성과 영혼의 설계도를 각자 갖고 있기에 근원의 흐름이 유형화된 존재이다.

흐름이 흐름으로만 존재할 때는 아무런 의미도 없다. 즉 강이 물의 흐름으로만 존재할 때는 강과 바다와 시냇물이 구분이 안 된다. 흐름이라는 것으로만 남겨질 때 우리는 맑은 시냇물을 마시고자 해도 그릇으로 떠서 마실 수 없다. 그것이 시냇물인지 강인지 바다인지 똥물인지 모르기 때문이다.

수십 년을 수행해도 수행한 힘이 그냥 의미 없이 방치될 때 구슬

이 서 말이라도 꿰어지지 못한 상태가 된다. 그 힘이 유형화가 되어야 수행자는 흐르는 물에 손을 담가 먹을 수 있다. 유형화되지 않는 공력은 목마른 사람이 흐르는 물만 바라보고 있는 것과 같다.

좌공부의 강력함에는 흐름과 유형화 이 두 가지가 있다.

흐름도 본연의 흐름에서 나와 애쓰는 상태가 약해진다. 그리고 이 본연의 흐름은 흐름에서 멈추는 것이 아니라 유형화된 나의 흐름, 모좌에 맞추어 공력화가 된다. 이 공력화의 과정이 회로이다. 마음, 잠재의식, 심층의식의 수많은 단계에서 걸려 맴도는 작은 흐름을 의식의 수면 위에 떠올려 회로로 풀어내고, 마음의 수많은 파편을 흐름으로 유형화하고 승화하여 완결된 회로로 정리하고, 회로를 하며 마음의 불순물들을 강력한 흐름, 회전력으로 정화하여 버린다.

흐름 역시 내면에서 나오는 흐름이고 그것을 유형화하여 마음의 편인들을 정화, 정리, 단순화, 응집, 해소하며 마음의 힘이 생긴다. 많은 수행자가 수행 경력 10년이 되어도 여전히 노력해야 하는 것은 본연의 흐름을 타지 못한 것도 있지만, 마음의 힘을 구축해도 그 힘을 구현화하여 쓰지를 못했기 때문이다.

마음을 유형화하여 기운으로 정리한 것이 회로이다. 공력이 쌓이게 되면 이름 하나에 공력을 유형화하게 되는데 그것을 '좌명'이라한다. 이 우주라는 바다에서 항해하는 것이 삶이고 항해의 주체가개인이라면 배를 건조하고 그 배의 선장이 되어 바다에 운항하는 것이 좌공부의 수행자이다. 좌명은 그 배의 이름을 짓는 것이고 그 이름 하나에 좌공부의 공력이 들어가 있다.

어엿하게 터빈 엔진을 달고 배 이름을 짓고 선장으로서 배를 운행하는 것과 그저 나무로 된 노만 있어서 어떻게 개선해야 할지도 모르고 일체유심조와 서구의 시크릿만 외우는 수행자에게는 하늘과땅의 차이가 있다.

본연의 흐름이 나오면 스스로 좌를 짜는데 배를 건조하기에 필요한 기운들을 충당한다. 이때 기운영을 가게 된다. 본연의 흐름이 유형화된 것이 회로다. 본연의 흐름이 배를 만드는 것이다. 자신이 생각하는 노가 자신이 바꿀 수 있는 전부라고 생각하는 것과는 차이가 있다.

수행자는 일체유심조와 서구의 시크릿을 하려 하지만 방아쇠를당길 마음만 있는 것이고 정작 총알과 총은 전혀 없는 것이다. 그것이 유형화되지 않은 마음만 가진 자의 한계이다. 마음만으로 천상의신도 되고 근원도 되고 고차원의 존재도 되지만 실제로는 그렇지 못하다.

노를 젓고자 해도 배는 다 쓰러지는 배, 총을 쏘고자 해도 총알과 총은 없고, 풍요를 원하여도 그러한 인과 연도 없고, 그렇게 마음으로만 원하지만 유형화된 힘이 없으면 마음으로 그친다.

나에게 나를 온전히 맡긴다

1) 유체이탈 안 함, 대중교통 이용, 기감 둔감

좌공부 이후 기감이 둔감해졌다는 말을 들은 바 있었다. 그것은 좌공부 이후 유체이탈을 안 하게 된 것, 대중교통을 이용해도 탁기의 영향을 덜 받게 되어 이용에 불편하지 않게 된 것과 비슷한 이유에서 비롯되었다.

좌공부를 하게 되면 에너지장 자체가 동작의 흐름, 기대사와 기운영에서 받아들인 정보, 본인들이 한 회로로 리모델링된다. 이 우주라는 바다에서 우리는 코스모스의 일원으로 나룻배, 통통배, 요트, 함선, 유람선 등으로 항해하고 있다. 좌공부를 하면 기운이 동작을 하는 이에게 몰리게 된다.

처음 동작을 하면 에너지장에 흡인력이 생긴다. 그것은 회전력이다. 이것은 처음 동작하는 이들에게서 회전력을 강화하는 동작들이 나오는 이유이기도 하다.[26]

이때의 흐름은 깊은 층차의 흐름이며 공부의 특성은 무의식대가 부상하여 현재의식을 리모델링한다는 것이다. 나라는 개성이 사라

---

[26] 〈기장의 변화로 본 공부의 진행과정〉 참고. http://cafe.naver.com/vajrapadme/993.

지는 것이 아니고 무아체험, 진아체험, 진아로의 합일되는 것이 아니다. 오히려 진아, 무아, 본성, 본연이라는 그 무엇이 부상하여 나라는 개성에 반영되는 공부이다.[27]

본연의 흐름이 나에게 반영되는 공부라고 보면 된다. 따라서 나룻배가 엔진을 달아 통통배가 되고 4인승 소형 배가 되고 함선, 크루즈가 된다. 엔진, 전자장비가 필요할 경우에는 기운영을 보내 필요한 기운을 받아들이게 된다.

이때 내가 기운을 받아들인다는 관념을 갖고 기운을 흡입하려고 하면 문제가 생긴다. 이 공부는 내가 나를 바꾸고 싶다는 생각에서 시작하는 공부가 아니고 내가 온전한 나로 제대로 기능한다는 것에서 시작하기 때문이다.

열망과 욕심과 상승욕망으로 시작한 수행은 일그러진 욕망의 탑을 쌓는 것과 같다. 수행력과 에너지로 쌓은 욕망의 탑이다.

동작은 기능이 살려지는 행위이다. 기운은 높은 곳에서 낮은 곳으로 저절로 대사되고 충만한 에너지에서 낮은 에너지로 유입된다. 우리의 몸과 정신은 끝없이 대사하는 존재이기에 에너지가 부족할

---

27) 〈좌공부의 기본 개념과 원리에 대한 글〉 참고, http://cafe.naver.com/vajrapadme/994.

경우에는 필요한 에너지를 충당하고자 불안함, 초조함, 갈구함을 만들어 대사하게끔 한다. 불안하니까, 초조하니까, 갈구하니까, 사람들과 대화를 하고 갈구함을 나누기도 하고, 사건을 만들고 이혼하고, 분쟁을 통해 정보의 대사를 추구한다.

때로는 유체이탈을 하여 다른 차원의 에너지와 대사하려고 하고, 빈 깡통의 영혼이라는 생각에 달그락거리는 소리가 크게 들리는 것과 같은, 기감이 예민해지는 현상이 발생한다. 대중교통을 이용하지 못하는 것과 같은 기감이 예민해지는 현상은 빈 깡통이 달그락거리는 소리가 크게 들리는 것과 같다. 이 공부를 하게 되면 기감이 둔감해지고, 유체이탈을 하지 않게 되고, 대중교통 이용에 별문제 없어진다. 이는 대형 선박이 바다를 항해하며 파도의 영향을 나룻배보다 영향을 덜 받는 것과 같다.

2) 조화로움, 코스모스의 자리

많은 이들이 더 열심히 하려고 한다. 그런데 열심히 하는 것과 욕심으로 더 얻고자 함, 더 높이 올라가려고 함은 차이가 있다.

동작을 알려줬더니 차크라를 동작으로 깨운다고 하고, 양손 동작 중에서 오른손에 동작이 안 나온다며 왼손으로 동작 유도하고 있고, 회로 30장 했는데 더는 안 나온다고 미카엘 대천사를 불러 사무 처리(?) 한다고 하고, 파란색 볼펜으로 시작한 공부인데, 자기가 알아서 빨간색 볼펜으로 하는 사람이 있었다.

이 공부는 반영되는 공부이다. 내가 성취하는 공부라기보단 온전한 나로서 기능한다는 것에서 시작되기에 성취 욕구로 시작한 공부는 반드시 공력이 틀어진다.

똑같은 회로를 해도 내가 상상한 회로, 나의 촉(채널링 안테나)으로 받아들인 회로, 나의 욕망이 반영된 부적 등 마음가짐에 따라 회로의 양태가 달라지고 결과가 달라진다.

이 우주는 더 높이 올라가려고 존재하는 것이 아니라 온전히 기능하기 위해 운행하는 것이다. 대장균이 대장 안에 있을 때는 유익한 균이나 대장을 벗어나면 피가 썩는 패혈증에 걸리는 것처럼 이 우주에서는 빛과 사랑, 고차원으로의 상승 의지보다 조화로움, 코스모스가 더 상위개념이다.

별이 운행하는 것, 은하계가 운행하는 것, 태양계가 운행하는 것은 더 높이 올라가려고 행성이 항성계의 주인 되는 태양을 침범하지 않고, 항성계가 다른 거대 항성계를 침범하지 않고, 그 자리에서 자신의 궤도를 따르기에 가능한 것이다. 태장계 만다라 414존의 존격의 최외곽에 있는 야차, 나찰, 천신, 악귀 역시 그 자리에 있기 때문에 대일여래의 모습을 띤 야차, 나찰, 천신, 악귀로서 엄연히 태장계 만다라의 존격이 된다.

3) 나에게 나를 온전히 맡긴다.

스크린에 비친 영화를 보기 위해서는 영사기, 필름, 받침대, 스크린 등 여러 도구가 필요하다. 마음은 이미 조건 지어진 구조체이기 때문에 스크린에 나오는 주인공들이 그 주인공의 역할을 다하기 위해서는 그 필름이 다해야 다른 필름으로 교체된다. 마찬가지로 진화의 문은 나의 명(命)을 다해야 다른 명이 부여된다. 스크린에 나와 있는 주인공이 직접 스크린에 투영된 필름을 바꾸기는 어려운 것이다.[28]

그러나 이 공부는 '되어진 나'에서 시작하는 공부가 아니라 나를 설계한 자리에서 시작한 흐름이 나를 대체하는 것이기에 영사기, 필름, 받침대, 스크린이 서서히 교체된다. 그리하여 일정 수준이 되면 필름이 바뀐다. 다른 명이 열리는 것이다.

나의 선생님은 사주상 죽었어야 하는 사주, 미치광이가 돼야 했던 사주였으나 일주일에 6천 장씩 회로를 하여 극심한 빙의에서 벗어나셨다. 나 또한 별자리 상 정신병원에서 종이접기해야 하는 별자리였으나 각고의 수행을 하여 이 자리에 있다.

---

[28] 〈Field of Consciousness—마음은 조건 지어진 에너지의 구조〉 참고.
http://cafe.naver.com/vajrapadme/757.

배우는 사람들의 마음가짐이 중요하다. 나는 나에게 온전히 맡길 때 본연의 흐름이 나오는 회로를 하게 된다. 그럴 때 필름이 앞으로 전개될 내용이 회로로 정리되고, 재설계되어 일찍 마칠 수 있고, 다른 명이 펼쳐지게 된다.

그러나 지금까지 부자가 되기 위해 노력한 것, 긍정적인 마인드로 살기 위해 노력하고, 좋은 기운을 받아들이려고 노력하며, 차원 상승하기 위해 갖은 주술 물품을 구매하고, 빛의 몸을 이루기 위해 갖은 호흡법, 갖은 명상법, 온갖 영성쇼핑을 즐기듯이 노력한 것……. 이러한 방식으로 좌공부를 접하면 나에게 나를 온전히 맡긴다는 흐름의 명상, 만다라의 수행, 즉 좌공부와는 거리가 멀어진다. 온전히 나를 나에게 맡길 때 그 지겨운 필름이 반복되지 않고 종결된다.

답을 얻더라도 질문은 쉬지 않습니다

연화는 본래 색에 물들어 있어서 오염되지 않는다… 이 말은 모든 존재가 대사할 수밖에 없는 존재라면 그 기운교류의 의미를 취하면 오염되지 않는다는 의미이기도 합니다. 위 말의 의미를 회원님들이 잘 아실지 모르겠습니다.

대사를 하지 못한 영혼은 대사를 강력하게 하기 위해 특정 에너지를 강하게 세팅합니다. 여자로서의 에너지가 강하여 남자들이 꼬이는데, 그 남자들이 사기꾼, 유부남이었거나 사업을 하는데 다른 이의 말이 잘 수용 안 되는 에너지를 세팅하여 하는 사업마다 망하거나, 이러한 경우가 있을 때에 혹자는 너의 여자로서의 에너지를 보아라, 혹은 다른 이의 말을 귀담아듣지 않는 너 스스로 통찰하라…. 라고 할지 모르겠습니다. 한마디로 에고를 보라는 것이죠.

영의 입장에서는 에고나, 만나는 남자마다 다 사기꾼이거나, 하는 사업마다 망하는 게 한다는 것이나 이러한 것들은 중요하지 않습니다. 에고를 통해 벌어지는 일들, 정보들, 체험들이 '앎'으로 각인되는 것이 중요합니다.

여기서 또다시 님들은 '앎'하면 내가 통찰하고 각성하는 것이라 여길지 모르겠습니다.

어떻게 하면 이 지겨운 체험들이 종결될까와, 어떻게 하면 이 앎을 알아차려 이 체험이 끝나고 다른 체험이 열려지길 바랄까……. 이러한 관점에서 수행을 바라보는 것입니다.

제가 말하는 앎은… 무의식이 배 부른다는 것을 의미합니다. 무의식이 배부를 때에 무의식이 세팅해놓은 에고는 그 의미가 다 해집니다.

또다시 어떻게 하면 무의식이 배부를까…라는 질문이 예상됩니다. 공부방에서 이러한 말을 한 적이 있습니다.

'저는 질문에 답을 하기 위해 공부를 가르치지 않습니다. 질문이 쉽게 하는 것이 나의 목적입니다.' 이라고 했습니다. 혜가 스님이 등 돌린 면벽 수도하는 달마대사에게 내 마음을 어디에서 찾을 수 있느냐고 울부짖으며 팔을 잘라내었습니다. 그러자 달마대사는 이미 너를 편안케 하였다…. 라는 말을 하였습니다. 제게 하는 질문들은 어떻게 보면 자신의 현주소를 드러내는 것입니다.

알면 사실 쉽지 않습니다. 알려고 하는 갈애는 쉬지 않는데, 앎을 채운다고 해서 갈애가 쉬지는 않습니다. 체험하더라도 좌공부 수행자가 하는 체험들은 에너지장에 깊이 각인되는 효과가 있습니다.

한 지역에서 그곳에 나는 물과 그곳의 공기와 그곳에 형성된 지명의 기운을 받고 10년 동안 사는 사람과 좌공부 수행자가 명을 받고 기운영으로 방문하여 습득하는 정보량은 질적인 측면, 양적인 측면 동등합니다.

에고는 탐침의 도구라고 했습니다. 주변을 찔러봐서 대사가 되는 것입니다.

대사가 안 되는 영혼은 더욱 강력한 에고를 설계하여 주변 환경과 극렬한 반응을 통해 정보가 깊이 새겨집니다.

그러나 수행자의 에고는 대사가 되어 이미 갈애가 채워진 상태이기에 갈애로 움직이지 않습니다. 그냥 잘 익은 사과의 얇은 껍질일 뿐입니다.

팔자, 숙명, 에고, 카르마.

없애려고만 했지, 정화하려고만 했지, 몸 던져 체험하려고는 하지 않습니다. 몸 던져 체험한 이의 향기는 기운영 수십 군데를 다니는 사람의 법내음과 동일합니다. 이 부분을 이해함에서도 몸 던져 체험하여 체험을 종식시키려는 사람이 대부분일 것입니다. 그들은 흐름을 알려고 하기 때문에 더 겪는 존재입니다.

흐름은 아는 것이 아닙니다. 그냥 타는 것입니다.

알프스 소년
귀한 내용이 담긴 글을 저를 포함한 일반회원들에게도 공개해주셔서 무동금강님께
진심으로 감사한 마음으로 읽었습니다.

하늘바람
글에서 느낀 진한 감동을 어떻게 표현할지…. 진심으로 감사합니다. -()-

성주
앎을 채운다고 갈애가 쉬는 것이 아니라, 몸을 던져 체험해야 한다는 말씀이 깊이 와
닿습니다. 좋은 글 감사합니다.

무동금강
달마대사에게 자기 성질 드러내며 분풀이하며 결국 자기 성질을 못 이겨 팔을 잘라
내면서 마음이 도대체 어디 있냐고 대성통곡했던 혜가.
달마대사는 뒤도 돌아보지 않고 여전히 벽을 보고 있었으나
그분의 뒤는 훈훈한 황금색 빛에 잠겨 있었다.

그 고통의 끝점에서 마음이 어디에 있다는 식의 답변을 끝내 하지 않은 채
마음을 쉬게 하였다….

우리의 수많은 질문은 사실 답에서 질문이 소멸되는 게 아니다.
답을 구함은 곧 질문을 구함과 동일한 것이다.
질문은 사실 답을 듣기 위해 발생되는 것이 아니고 에너지의 대사를 위해서 발생되
는 경우가 많다.

대사가 이루어지면 질문이 의미 없어진다…….

금강망(金剛網)으로서 인드라망을 장엄하다

앞서 〈원만한 의식, 원만무애한 복덕의 의식〉[29]이라는 글에서 IF의 의미에 대해 다음과 같이 말한 바 있다.

그러나 우리는 흐름이 구현된 존재이며, 흐름은 우리가 아는 어떤 것이 아니다. 우리는 이미 흐름 속에서 특정 조건으로 이미 구현되어 흐름이라는 강물을 타는 존재이다. 그때 나의 정명을 아는 것은 더는 의미가 없어진다. 다가오는 순간에 최선을 다해 몰입하고 최선을 다해 살아가면 IF가 내던지는 물음에 다 대답하게 된다.

에고는 무엇일까. 무의식 속의 나라는 존재는 주변환경과 사람들, 나 아닌 에너지와 에너지 교류를 통해 스스로 완전해지고 원만해지길 원한다. 나이 40대나 50대의 아저씨나 아줌마가 부러웠던 시절이 있었다. 특유의 안정감이 부러웠다. 나라는 존재가 주변환경과 대사하고 내 에고의 의미가 어느 정도 다 할 때 안정감이 부상된다. 그래서 중년에 접어들면 안정감이 있는 경우가 많다.

완전해지고 원만해지기를 원하는 그 갈증이 주변 사람들과의 충

---

29) http://cafe.naver.com/vajrapadme/1206

돌과 집착으로 이어졌다. 내가 좌공부를 하면서 좋았던 것은 그 원인 모를 불안함과 초조감이 사라졌다는 것이었다. 우리는 삶의 문제에 답이 구해지거나 문제 상황이 쉬워지기를 원한다. 그러나 답을 얻으면 문제 상황은 해결될지 모르지만, 내면의 갈증은 다른 문제를 야기한다.

IF의 연속체, 시간의 연속체, 사주와 팔자, 시간에 이름을 붙여 오행에 마이너스와 플러스 에너지라는 의미를 부여하여 8개의 기둥으로 좌를 짜서 지구에 늘어뜨린 것.
혹은 공간의 연속체, 지구의 혈맥이 모이고 흩어지고 교차하는 지점에서 태어난 것.
아니면 별이 시시각각 달라지고 어떤 특정한 시점에 다양한 별의 만다라가 짜인 것.
시간의 짜임, 공간의 짜임으로 인해 지구 상에 하나의 그물이 늘어뜨려졌는데, 그 그물이 바로 인간의 개성체다.

나의 열악한 환경(별자리나 사주팔자에서 안좋은 환경), 아버지는 주정뱅이이고 어머니는 폭력적이며, 신약한 사주에다가 저급한 귀문관살이 있다면(사기도 당하고 깡패나 심성이 순수하지 않은 이만 주변에 꼬이는 경우) 나는 그대로 살 것인가? 아니면 바른 마음을 내어 수행자로 갈 것인가?

별과 공간과 시간대로 이루어진 복잡한 그물망, 그 그물망이 새우만 잡을 수 있는 그물망이면 그 새우를 그만 잡고, 이제는 고등어를 잡는 그물망으로 교체할 때에야 또 다른 인생이 열리는 것이다.

어떤 이는 짜인 그물망이 받아들일 수 있는 정보들 속에서 구르고 구르며, 어떤 이는 짜인 그물망에서 뒹굴다 털고 일어나기도 한다.

인간의 에고는 그 의미가 다할 때, 그물망을 쓰고 또 쓰고 또 써서 다 헤어질 정도가 될 때, 비로소 다른 명(命)이 열리는 것이다.

그래서 혜가 스님이 내 마음이 어디에 있느냐고 눈 덮인 설원에서 울부짖으며 자신의 팔을 잘라내는 괴로움의 극단에 있을 때, 달마대사는 그 의미가 다함을 알고 마음을 쉬게 하였다.

그물망은 필요 없을 때 교체되며, 보통의 인간들은 자신의 개성체, 운명체대로 그냥 살다가 간다.

그러나 좀 더 나아간 이들은 나는 왜 이럴까 하며 반성도 하고, 후회도 하고, 때로는 큰 나와 작은 나를 구분하여 작은 나를 버리려고 한다. 그러나 이는 화장실 간 나와 뒤를 닦고 나온 나를 구분하는 분리행위이며, 감기 걸린 나와 감기에 나은 나를 구분하는 행위다. 엄밀히 말하면 내가 그물망인데, 자신이 싫다며 그물망이 그물망을 바꾸려고 시도하는 것이다. 어부가 특정한 고기가 이제 필요 없을 때 비로소 그 그물을 바꿀 수 있다.

유가와 도가와 불가에 통달한 혜가가 자신의 지식이 한낱 부질없음을 알고 울며 자신의 팔을 자른 절망의 끝에서 다른 명이 열린 것이다. 다른 명이 부여됨은 그 정도로 힘들다.

보살의 윤회는 자신에게 부여된 모든 소(素), 즉 IF의 조건들을 그대로 공력으로 승화하였다. 범부는 자신에게 부여된 환경과 성격을 그대로 의미 없이 보내버리나 보살은 자신에게 부여된 환경과 성격을 동일한 중생들을 구제할 수 있는 복덕자량으로 스스로를 장엄한다. 보살은 운명의 그물, 숙명의 그물, 개성의 그물이 의미를 다하였기에 그 의미를 자신이 쓸 수 있는 도구로 사용할 수 있는 것이다.

그리하여 연화는 본래 색에 물들여져 있어, 원래부터 더러워 오염되지 않는다는 말, 이취백자게의 심법이 그대로 이루어진다. 금강의 힘, 바즈라의 힘은 지옥의 마물부터 천계의 빛으로 된 마물까지도 제압할 수 있다. 금강의 보살들은 자신에게 부여된 부정한 것들조차도 자신의 만다라에 모두 다 승화하기 때문이다.

4. 좌공부의 실제

어떤 이의 영기장 - 공성에 의해 잠식된 사례

좌공부를 하면 기운을 탈 수
있게 되고, 미묘한 기운의 흐름으
로 자신을 짜게 되는 회로를 하
게 된다. 좌명 설정 이후 본격적
으로 타인의 기운을 형상화할 수
있게 되는데, 이를 영기장이라고
한다.

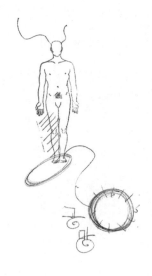

이제 인체 형태의 도장을 16절지에 찍고 인체 형상에 볼펜으로 기운을 옮기는 그림, 즉 영기장을 설명하겠다.

머리 위에 촉들이 있다. 이는 예민하다는 의미이며, 다른 차원과 접속능력이 있다는 의미로 해석된다. 하단전에 검게 칠해진 부분은 욕망이 정리가 안 되었다는 의미이고 다리 쪽의 사선들은 경직되어 있음을 뜻한다.

특기할 만한 점은 하단 발아래 운영체에 공망이라고 표기된 잡이 표시되어 있다는 것이다. 운영체라 함은 내가 서 있는 자리 즉 기반의 자리 '좌'의 힘을 뜻하는데, 주부면 주부로서의 자리, 사업가는 사업가로서의 자리, 영적 지도자이면 영적 지도자의 자리를 의미한다. 이 운영체에 공망이라고 표기된 잡이 연결되어 자신이 위치한 자리를 흔들고 있음을 뜻한다.

내담자는 살아가는 게 허무하다고 혹은 의미 없다고 느끼고 있었으며, 인도 요기들의 책이나 불교관련 책들이 많다고 하였다.

내담자에게 공망이라고 함은 공에 관한 인간들의 관념 즉 내가 사라지는 체험, 생각과 감정과 느낌이 모두 의미 없어지는 것이 공이라는 관념으로 굳어진 것이라고 설명하였다. 내가 없어지는 체험을 흔히 깨달음이라고도 하지만, 그러한 체험은 체험일 뿐, 다시 눈을 뜨면 고통스러운 현실로 돌아오고, 수행자들은 그러한 체험을 다시 겪고자 공에 대한 집착을 놓지 않는다. 이러한 집착이 모여 공망계라는 세계가 형성되고, 공망과 관련된 잡이 내담자의 자리를 갉아먹어, 지금까지도 일이 없는 백수라고 설명했다.

많은 이들이 공성을 증득한다. 혹은 나에 대해 의미가 없어지는 경지를 원한다. 이러한 경지는 수행자라면 모두가 갈망하고 증득하기를 원하는 게 아닐까 한다. 그러나 내게 주어진 현실과 내가 풀어야 할 에너지들에 대해 지쳐버린 나머지 깨달음이라고 하는 것 한 방이면 모든 것이 해결되리라 믿고 공성을 갈망하는 것은 아닐까?

그 갈망과 집착이 모여 에너지의 세계로 구축된 것이 공망계이다. 집착할 것이 없다는 것에조차 집착하는 관념이 에너지로 만들어진다는 것도 흥미로운 일이다.

정묘체 오염을 정리하는 사무처리 - 레이키에 의해 정묘체가 오염된 사례

공부가 진행되면서 짙은 우울감과 낙담이 보이는 회원이 있어 영기장으로 추적해보았다. 머리 주변에 날카로운 기운이 잡히고 이 기운은 손에 형상화되는 잡기운과 연결되어 있다. 이 잡기운이 머리를 예민하게 만드는 것이었다. 손과 연결된 기운은 다른 차원의 문과 연결되어 있고(영기장에 표시된 門표시는 보통 다른 차원과 통

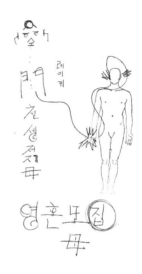

하는 문을 상징한다), 천생적모라는 존재와 연결되어 있다. 하늘의 존재(天)이며 하늘의 존재로 생하였으나(生), 원수인 적(敵)이자 기운이 적체되어 있음의 적(積)이기도 한 존재이다. 이 존재의 연원을 추적해보니 레이키이다.

내담자는 레이키 수십 개를 한꺼번에 받았고, 그중에는 여신과 관련된 레이키도 있었다고 했다. 영혼모집(母家)인 동시에 모집(募集)이다. 이는 상위계(?)의 존재가 레이키를 매개로 레이키를 받은 존재의

에너지를 빨대로 꼽아 빨아먹는 형태이다. 영혼을 모집한다는 의미기도 하며, 어머니의 집 즉 모성의 왜곡된 형태를 뜻하기도 한다.

정묘체에 영적인 각인이 새겨져서 이것이 수년 동안 잠재되어 있다가 공부가 진행됨에 따라서 이 에너지 각인이 발동해서 더는 수행을 나가지 못하도록 '영박'으로 작용함을 알 수 있었다. 많은 이들이 레이키와 같은 다른 차원의 세계와 연결링크를 통해 다른 차원의 힘을 끌어다 쓰곤 한다.

그동안 사무처리를 열심히 해왔는데, 왜 지금까지 발견하지 못했을까? 그것은 공부의 수준이 깊어지면(흐름의 층차가 정묘체에서 나오는 것일수록), 깊은 층차에서 나오는 흐름을 방해하는 잡이 발동하기 때문이다.

공부가 진행됨에 따라서 미세잡이 발동된다. 분명, 좋은 것이라고 하여 레이키도 받고 영적인 고속도로도 뚫고 상위자아 연결도 해보았을 것이다. 그러나 실제로 어떤 경우에는 정묘체 수준에서 오염이 진행되었을 수도 있다. 영적인 문신에 해당하며, 이러한 정묘체 수준의 오염에 관해서는 깊은 층차에서 밀어내는 흐름이 있다면 사무처리가 가능하다.

좌공부는 공부가 진행될수록 깊은 층차에서 올라오는 흐름이 자신을 바꾸어간다(제도). 공부가 진행될수록 미세한 잡이 드러나며 이때 사무처리의 진가가 드러난다. 본인들의 내밀한 층차에서 밀어 올리며, 자신을 바꾸어가면서, 바깥의 처리자는 공부하는 이들의 본연을 대신하여 미세한 잡과 거친 잡을 정리해가면서(사무처리), 원하는 바를 유형화하여 명입력으로 제시한다(명입력).

사무처리는 원래 공부하는 이를 위해 고안된 것이라는 전해 내려오는 이야기가 있다. 이번 케이스가 그러한 케이스인 것 같다. 내담자는 실제 처리 받은 후 공부방 방문에 마음이 한결 가벼워졌다고 했다.

정묘체 오염을 정리하는 사무처리 - 영적 문신에 의해 정묘체가 구속된 사례

어떤 회원은 과거 상위의식과 연결되는 어떤 작업을 받았고 그게 가끔 수동적으로 발동되기도 하고 스위치를 본인이 켜서 접속되기도 한다고 했다.

문신을 받을 때는 예쁘고 좋은데, 나중에는 연애를 하거나 애기를 낳을 때에 후회하는 것처럼, 영체에 무엇을 안 하면 좋겠다. 체크해 보니 상위의식대의 에너지와 접속되는 작업을 받은 것은 많은데, 더 미묘한 층차, 더 섬세한 층차, 더 내밀한 층차의 상위의식대가 아니고 상위식대 중에서 어떤 한 지점에서만 에너지와 접속되게 설정되어 있었다. 자신의 영코어(0코어)에서 나오는 흐름대는 분명 아니었다.

본연에서 나오는 흐름은 깊을 수도 낮을 수도 있다. 공부가 진행됨에 따라서 다양한 층차대의 파동이 자신을 제도해나간다. 그런데 어떤 영역대로 세팅하여 그 영역대가 상위자아와 상위의식대라고 여긴다면 공부가 그 이상 진행되기 어렵다. 사무처리와 명입력을 반복

했음에도 본인이 계속 거기에 연연하여 스위치도 켜보고 연결해보기도 한다면 공부하기 어려운 것이다.

공부가 빨리 진행되는 이들이 있다. 오염이 덜된 이들이다. 영성 공부를 섭렵한 이들보다, 수십만 원 수백만 원 영성 패키지를 밟아 온 이들보다 수행 처음 해본 사람들이 공부가 상당히 빠름에 놀란다. 이들은 미세층에 각인된 영적 오염들을 서서히 빼내 간다.

실리콘 보형물, 화학소재 보형물, 필러 주사 등, 저마다 영적으로 도움이 될까 하여 자기 영체에 뭘 해보았다. 양파 껍질과 같이 수없이 많은 영체 중 어느 층에 심어진 문신, 보형물, 필러인지는 모르나 일단 공부가 시작되면 이들 요소는 전부 공부의 방해요소로 작용한다.

공부가 진행되면 시급한 영적인 문제부터 해결하고 미세한 정묘체 수준의 문제점이 드러나면서 사무처리의 대상이 된다. 위 내담자의 경우에는 무동에게 본인이 받았던 영적 설치(installing)에 대해서 말하게 된 것조차 우연은 아닌 것 같았다. 보호령의 작용이나 프로그램의 영향으로 무동에게 알려준 것 같다.

제발 자기 것이 아닌 것과 연결해서 자신의 영적인 체에 자기도 모르는 문신을 안 새겼으면 한다.

21세기 무동금강의 십주심론

1. 치아외인심 稚兒外因心

유치한 아이가 남 탓과 네 탓을 하며 모든 원인을 외부에서만 찾는 마음.

UFO나 초상현상, 영적 현상이 '정신적'이고 '영적인 현상'이라고 보게 되는 단계이다. 카르마적 현상을 막는 것에 주안점을 둬서 부적질, 굿질, 비방주술을 하는 형태로 표현된다.

2. 저계망연심 底界忘緣心

저쪽 세상에 모든 인연이 있다고 믿는 마음, 저쪽 세상(저계)로 인해 지금의 인연을 무시하는 마음이다. 따라서 이쪽 세상에 대한 원인을 잊어버리고 만다. 종교인이 내세의 행복을 위해서 지금의 자기와 주변환경을 버리고 광신적 행위를 하는 것과 같다.

내세에 대한 인식은 있어 카르마적 현상에 대해 벌 받는 것이라는 인식도 있다. 고차원에 대한 인식이 싹터 우주의 하이라키에 대한 인지가 생기나, 지배와 피지배의 관계로 인식하는 경향이 있어, 이 세계는 상위계의 조종을 받고, 저열한 나는 저쪽 세계, 고차원계와 합일해야 한다고 본다.

3. 다계친교심 多界親交心

저쪽 세상에 모든 인연이 있다고 믿는 마음은 동일하나 상위계와 낮은 계는 친구를 사귀듯, 화합한다는 인식이다. 상위계에서 내려주는 사랑과 평화를 저급한 낮은 계에서 잘 받아먹어야 한다는 인식이 있다. 상위계와 하위계를 지배와 피지배관계보다는 사랑과 평화의 관계로 보는 경향이 있으나, 이때의 사랑은 '시혜적인' 것이기에 이 세상은 여전히 저급한 것이고, 위에서 내려주는 빛 에너지, 생명 에너지로 근근이 버티는 것으로 인식한다.

수행방법은 근원 상상하여 에너지 받아먹기와 빛 받아먹기이다.

4. 심인무개심 心因霧介心

사물을 바라볼 때 안개와 같이 뿌옇고 흐릿하게 인지하나 내면을 스스로 바라보게 되는 마음이 싹튼다. 원인이 오로지 저쪽 세상, 상대의 탓이나 보이지 않는 불가항력적 영적 권능에 의해 움직이는 것이 아닌 나 스스로에게서 원인을 찾는다. 그러나 이는 명철한 관조라기보다는 '기준점'에 의해 자신을 바라보는 단계이다.

이때의 기준점은 '에고라고 불리는 것', 즉 에고라고 인식되는 '분노', '짜증', '소유욕', '탐욕', '성욕' 등이다. 이를 기준으로 평가하고 분석하고 재단하여 좀 더 나은 상태, 분노가 없는 상태, 짜증이 없는 상태, 소유욕이 없는 상태로 나아가려고 한다. 성자들, 법정 스님이나 이해인 수녀가 말한 내용을 주로 정신적 기준점으로 삼는 특징이 있다. 경전과 성경에 의거하여 자신을 바라보는 단계이다.

5. 명경무능심 明鏡無能心

모든 원인을 내게서 찾는 마음이기에 밝은 거울과 비슷한 마음이다. 자신을 바라보는 마음이기에 거울과 비슷하나, 비추기만 할 뿐힘이 없어 무능한 마음이다.

기준점으로 스스로 관(觀)한다. 그 기준점은 나라는 존재, 표상된나이다. 내가 나를 관한다는 인식에서 자유롭지 않아 자신의 에너지적 매듭을 스스로 풀지 못해 끊임없이 피곤한 집중상태인 관(觀)을유지하려고 한다.

6. 철오대력심 哲悟大力心

자신을 바라보아 인과가 내면 안에 잠재되어 있음을 알지만, 이 세상과 저 세상의 구분이 사바세계와 피안 세계로 나누어져 있다는 인식에서는 자유롭지 않다. 그래서 수행은 상승으로 가기 위한 것이며, 이 고달픈 사바세계에서 벗어나기 위해 빛나는 저 멀리 피안 세계로 탈출하기 위한 것이 된다. 스스로 정리하는 힘과 타인을 제도할 수 있는 권능이 있어 인과를 아는 지혜와 힘을 겸비했다는 의미에서 철오대력심이라고 말한다.

그렇기에 제도를 할 때, 영적인 것을 기준으로, 피안 세계를 기준으로, 깨달음을 기준으로 하게 된다.

자신을 바라본다고 하면서도 상위계의 조종을 받는 하위계라는 인식에서 자유롭지 않으며, 영적인 힘으로 이 물질계를 바른길로 이끌어야 한다는 인식이 있는 것이 특징이다.

이 단계의 단체들은 하늘의 명을 받아 명을 '알아' 움직인다는 단체들이다. 명대로 순리대로 움직이는 것이 아니라 명을 누군가에게서 듣거나 혹은 다차원 채널을 통해 들어서 그대로 움직인다는 것이다. 모르면서 가는 것보다 알아야 움직일 수 있는 부류이다.

7. 초애장월심 超碍藏月心

장애를 넘을 힘을 갖추고 있으나 본성으로 상징되는 달이 드러나지 않음을 뜻한다. 힘이 있고 지혜가 없기에 현실에 안주하게 된다.

힘이 없어도 현실에 안주하여 삶이 곧 수행이자, 삶이 곧 영성이라고 말하는 사람도 있으나 이는 자기 포기에 가까운 것이다. 초애장월심의 단계에서는 힘을 갖추고 있기에 더는 나아가지 못하고 안주해버린다.

8. 청해무도심 淸海無渡心

맑은 바다를 건널 수 없다는 뜻이다. 파도가 전혀 없고 바람도 없는 바다를 배를 타고 항해할 수 있는가? 지극히 고요한 삼매 속에서 아무런 생명력도 활동력도 구제력도 없이 안주하려는 마음이다. 맑고 고요한 바다를 바람과 파도 없이 배를 타고 건널 수 없음에 청해무도심인 것이다.

에너지에 눈빛이 취해 있는 것이 특징이다. 저급한 물질계와 지고한 상위계라는 이분론적 세계관에서 탈피하여 만물은 일여라는 고요함으로 귀결된다. 인간의 오욕은 그저 지고함의 일부일 뿐이기에 고요함을 추구한다.

9. 무량사애심 無量事愛心

체험하는 모든 것을 자신의 진실한 체험으로 승화한다. 기준점을 뒤서 판단, 분석, 비교하는 것보다 자기를 기준에 두고 오로지 진실로서 체험한다.

사물과 사물 사이에 부딪힘 속에서 무언가 새로운 것이 나오듯, 자신을 기준으로 뒤서 오롯이 치열한 번뇌만이 자신을 완전하게 하는 것임을 아는 단계이다.

스스로 겪는 것들 사랑한다는 마음에서 무량사애심이다. 청해무도심이 고요한 바다에 파도가 안 쳐서 배가 건널 수 없는 것이라면 무량사애심은 파도와 바람만 불 뿐, 길을 제시하는 차분한 선장이 없어 건널 수 없다.

10. 여의만다라비밀법장주심
如意蔓茶羅秘密法藏住心

나는 오로지 체험하는 존재이며, 반영되는 존재이며, 또한 주체로 움직인다. 회로로 반영되며, 운영으로 움직인다. 나는 몰라도 가며(반영되는 나로 움직이기에), 나는 내 뜻대로 움직여서 갈 수 있다(운영이기에 주체로 움직인다). 이는 만다라의 제존들이 대일여래로부터 유출되었고, 대일여래의 반영이지만 대일여래의 권능으로 활동하는 운영의 모습을 띠며, 좌공부 수행자들은 만다라의 비밀스러운 뜻을 구현하는 만다라의 제존들과 같기 때문이다.

여의한 뜻대로 움직이기에 인간의 오욕은 정리와 정화의 대상이 아닌 이 세상에 일을 실현하는 대일여래의 도구로 기능하며, 인간이 사는 물질계는 상위계의 모든 힘이 응집된 최상의 영적 수행장의 의미를 지닌다.

여의에 의해 움직이고 그 기능은 만다라의 제존과 같기에 여의만다라비밀법장주심인 것이다.

이 십주심론을 좀 더 이해하기 쉽게 단계별로 나누어서 설명하면 다음과 같다.

치아외인심- 부적질, 주술질, 시크릿질
저계망연심- 신적 권위로서 제압하는 종교
→ 여기까지 일반인들의 인식이다.

다계친교심- 다차원 채널링계
심인무개심- 어설픈 위빠사나
명경무능심- 철저한 위빠사나
→ 여기까지 지혜 위주의 단계이다. 내가 나에 대해서 혹은 우주에 대해서 알아야 나의 영적 단계가 올라간다고 믿는 단계이다.

철오대력심- 카리스마 있는 수장 위주로 돌아가는 단체, 일부 좌공부방도 해당한다
초애장월심- 신선도, 좌공부의 다수, 영적 권능을 가진 수장 위주의 단체
→ 여기까지 힘 위주의 단계이다.

청해무도심 – 삼매 위주의 단계

무량사애심 – 화엄의 사사무애심법을 어설프게 이해한 자, 밀법의 사(事)의 심법을 어설프게 이해한 자

→ 수행에 있어서 극상승의 단계이다.

그리고 마지막, 여의만다라비밀법장주심 – 여의이다.

정아

글을 읽으면서 제가 어느 세월에 어느 단계에 속했는가 회상하게 됩니다. 결국 지금은 如意蔓茶羅秘密法藏住心 단계에 왔으니 좌공부 수행자로서 뿌듯합니다. 의미 있는 성찰의 기회를 주셔서 감사합니다_()_

황금꽃

칼럼 감사합니다. 무동 선생님! 정말 큰 통찰이 담겨 있는 글이라고 생각됩니다.

원행

"좌공부 수행자들은 만다라의 비밀스러운 뜻을 구현하는 만다라의 제존들과 같다."
선생님 덕분에 좌공부를 할 수 있음에 자부심을 느끼게 됩니다.

알프스

감사합니다.

푸른소

고맙습니다. 담아갈게요. 완전, 멋진 진단입니다. 시원하고 통쾌한 해석 짱입니다.

마무리하며

우리는 자신의 내면을 조금이나마 가라앉히고자 그 괴로움에서 벗어나고자 수행을 합니다. 이미 나인데, 그 나를 에고라고 규정하고 나 자체를 버리는 수행을 하게 됩니다. 그러한 결과는 현실의 나는 도외시하고 저 멀리 높은 초월적인 근원의 자리를 탐하여 결국 자신이 있는 자리가 흔들립니다. 흔히 말하는 수행쪽 사람들, 영성 쪽 사람들이 직장이 없고 가정이 불안정한 것은 엘리베이터가 없는 상황에서 빌딩 꼭대기에 도달하고자 발을 동동거리는 것과 같습니다.

그러나 엘리베이터가 없지만, 계단을 밟아 올라가는 사람도 있습니다. 자신의 번뇌와 고뇌를 디딤돌 삼아 한 걸음 한 걸음 걸어가 자신이 밟아온 것들을 자신의 에너지장의 보물로 남기면서 걸어가는 존재들도 있는 것입니다.

윤회라는 것은 인연됨의 흐름이고 그 인연됨을 끊고자 하는 게 보통의 수행자들입니다. 그러나 인연이 된다는 것은 피할 수 없는 것입니다. 숨 쉬는 것조차 하나의 정보로서 에너지장에 각인되는 것이며, 석가모니께서도 인을 닦아 깨달음이라는 과를 얻으셨기에 인연된다는 흐름은 그 자체가 잘못은 아닙니다. 인연을 무엇으로 채워나가느냐가 문제인 것입니다.

저는 이 책을 통해 자신이 이미 근원이 구현된 것인데 또 다른 근원을 찾아 자신을 잃어버리는 것을 경고했습니다. 또 존재는 자신이 완전해지고자 하는 생명의 흐름대로 지옥에서 피어난 연꽃부터 하늘 세계의 연꽃까지 스스로 체험하고 있음을 말했습니다. 그리고 좌공부라는 수행을 통해 영적으로 고도화되어가는 성취 방법도 있다고 전했습니다.

많은 수행자와 수행을 하지 않더라도 정신세계에 관심이 있는 이들에게 이 책이 영성과 현실, 깨달음과 나의 고뇌가 다르지 않음을 알게 하는 계기가 되었으면 합니다.

무동無動, 번뇌를 자르다

초판 1쇄 인쇄 2016년 09월 20일
초판 1쇄 발행 2016년 09월 26일

지은이 무동금강無動金剛 오택균
펴낸이 김양수
표지 본문 디자인 도서출판 맑은샘   **교정교열** 염빛나리

펴낸곳 도서출판 맑은샘   **출판등록** 제2012-000035
주소 (우 10387) 경기도 고양시 일산서구 중앙로 1456(주엽동) 서현프라자 604호
대표전화 031.906.5006   **팩스** 031.906.5079
이메일 okbook1234@naver.com   **홈페이지** www.booksam.co.kr

ISBN 979-11-5778-155-3 (03150)

＊이 책의 국립중앙도서관 출판시도서목록은 서지정보유통지원시스템 홈페이지(http://seoji.nl.go.kr)와 국가자료공동목록
  시스템(http://www.nl.go.kr/kolisnet)에서 이용하실 수 있습니다.
  (CIP제어번호 : CIP2016022782)
＊이 책은 저작권법에 의해 보호를 받는 저작물이므로 무단전재와 무단복제를 금지하며, 이 책 내용의 전부 또는 일부를 이
  용하려면 반드시 저작권자와 도서출판 맑은샘의 서면동의를 받아야 합니다.
＊파손된 책은 구입처에서 교환해 드립니다.   ＊책값은 뒤표지에 있습니다.